JN193743

見た目より大事な言葉づかい

シゴトがデキる女子の 差がつく伝えかた

宮本ゆみ子

Yumiko Miyamoto

Gakken

は じ め に

　言っていることは正しいのだけれど、伝えかたで損を
している人って、いますよね。何を隠そう、かつての私
もそのひとりでした。

　はじめまして。宮本ゆみ子と申します。
　私はアナウンサー、ライター、大学の研究員、企業の
研修講師など、さまざまなかたちで、日々「言葉」と向
き合う仕事をしています。

　地方局で契約パーソナリティとして働いていたとき、
隣の席にはひと回り年下の美人で頭の良い新入社員のア

ナウンサーがいました。しかし、どうやら彼女にひどく嫌われていたようで、契約が終了してその局を離れると、すぐに SNS でブロックされてしまいました。恥ずかしながらそれについて、思いあたることはあります。

　私は彼女に対して、

「会議に出るときには筆記用具を持ってきなさい！」

「なんで使った CD をちゃんと元に戻さないの？」

「書類がなだれ込んでくるから、机の上を片づけて！」

などの小言を繰り返していたからです。もしかしたら無意識に、彼女を傷つけてしまう言いかたをしていたのかもしれません。

　次の新しい職場で、周囲と調和しながらスムーズに仕事を進める素敵な女性に出会いました。注意深く観察すると、彼女は言葉の使いかたに少し工夫し、自然に周りとの信頼関係を築いていたのです。私との違いは、まさにその点にありました。

　もし私が彼女のように、相手に対する伝えかたを工夫していたら、以前の職場でももっと良い関係が築けて、かつ周りの誰も傷つけることなく、自身の仕事をうまく進めていくことができたのではないか……という後悔の念が今も残っています。

この本はそんな私の経験をもとに、「言いかた・伝えかた」を少しアレンジすることで、人間関係を豊かにするためのアイデアをまとめたものです。

　なお、本書のタイトルは"シゴトがデキる女子"となっていますが、内容は性別を限定するものではありません。また、性別で仕事の成果に差がでるものでもありません。そういう性別や年齢の違いを問わず、職場や家庭でのコミュニケーションを円滑に、より良いものとしたいすべてのみなさまに、ご活用いただければ幸いです。

Contents

Chapter 3 ひと言で伝わる大人語

ひと言で伝わる大人語

Chapter 1

いつものあいさつに
ひと言プラス

毎日のことだからこそ、印象に差がつくあいさつ。
「おはよう」「こんにちは」「お疲れさま」などの
基本のあいさつにひと言加えるだけで
相手の感じかたは大きく変わります。
仕事からプライベートまで幅広く使える表現をご紹介します。

いつものあいさつに加えて①
仕事の同僚に……

日々のあいさつに少し言葉をプラスするだけで、親近感がアップし、
信頼関係を深めることができます。

仕事を始める前に

> おはようございます

シゴデキ 今日も一日がんばりましょう。

何か手伝えることがあったら
言ってくださいね。

○○さんがいると心強いです。

昨日は雨に濡れませんでしたか？

朝のあいさつに相手への感謝や信頼、気づかいの言葉をプラス。
仲間意識を高め、ポジティブなスタートを切ることができます。

相手が忙しそうな
ときや、体調が悪
そうなときは無理
に元気を押しつけ
ないよう注意して

（小さな声で）おはようございます……。
（小さな声で）お疲れさまでした……。など

✏️ いつものあいさつ、ボソッと小さな声で言ったり、黙って帰ったりしていませんか？　明るい声に変えて、ひと言加えるだけでも印象はずっとよくなります。

これで済ませがち

仕事が終わった後に

> お疲れさまでした

シゴデキ

明日もよろしくお願いします。

今日も助かりました。

〇〇さんのおかげで無事に一日終わりました。

✏️ その日の相手への感謝と、明日への期待を伝える表現です。感謝を具体的に伝えると、より効果的です。

〇〇さんのおかげで今日は無事に終わりました

お疲れさまでした

いえいえ

ランチタイムに顔を合わせた同僚に

こんにちは

お疲れさまです

シゴデキ 今日は何を召し上がる予定ですか？

こちらのメニュー、美味しそうですね。

最近のお気に入りの
ランチメニューは何ですか？

お昼休みは雑談のチャンス。思い切って話しかけてみる
と、ステキな関係が生まれるかもしれません。

こんにちは

今日は何を召し上がる予定ですか？

距離を縮めたい相手には「今日（今度）は一緒にランチをいかがですか？」と誘ってみよう

会議の前に顔を合わせた同僚に

おはようございます

お疲れさまです

シゴデキ 今日の会議、よろしくお願いします。

何か事前に確認しておくことはありますか?

早めに会議室に入ったら、話しにくい相手と2人きり……。そんなときは、自分から声をかけて緊張をやわらげましょう。

仕事帰りに顔を合わせた同僚に

お疲れさまです

シゴデキ 今日は早めの帰宅ですね。

お家に帰ってゆっくり 休んでくださいね。

仕事終わりのエレベーターやろう下で顔を合わせたら、「お疲れさま」の気持ちをもうひと言。相手も気持ちよく退勤できるはずです。

いつものあいさつに加えて②
取引先やお客さまに……

仕事で関わる取引先やお客さまに、その日最初にかけたい言葉です。
仕事をスムーズに進め、安心感を与えるのに役立ちます。

初対面の相手に

> はじめまして

 **本日はお時間をいただき、
ありがとうございます。**

**○○社の△△と申します。
どうぞよろしくお願いいたします。**

**お会いできて光栄です。
ご協力に感謝いたします。**

**本日はよろしくお願いいたします。
お話を伺うのを楽しみにしておりました。**

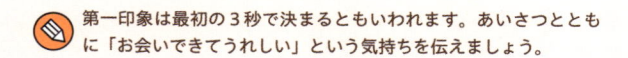 第一印象は最初の３秒で決まるともいわれます。あいさつととも
に「お会いできてうれしい」という気持ちを伝えましょう。

はじめまして。（だけ言う）
お疲れさまです。（だけ言う）など

間違いではありませんが、今日もよろしくお願いしますの気持ちや、
日々の感謝の気持ちを言葉にすると印象アップ。

定期的に会う相手に

お疲れさまです

お世話になっております

シゴデキ 本日もどうぞよろしくお願いいたします。

お忙しいなか、お時間をいただき
ありがとうございます。

ご無沙汰しております。
お元気でいらっしゃいましたか？

またお会いできて光栄です。

定期的に会う相手との会話は、形式的になってしまいがち。その日
の最初の言葉は、ポジティブな気持ちを伝えられるといいですね。

> おはようございます

シゴデキ ご参加いただき、
ありがとうございます。

本日のセミナーを
楽しんでいただければ幸いです。

時間までもうしばらくお待ちください。

本日はようこそお越しくださいました。

✍ イベントやセミナーの参加者に開始前にかけたい言葉です。「お越しいただき、ありがとうございます」の気持ちを伝えましょう。

会議や打ち合わせの前に

> お疲れさまです

 **シゴデキ**

本日の打ち合わせ、どうぞよろしくお願いいたします。

会議のための資料を準備いたしましたので、後ほどご覧ください。

本日も建設的な議論ができることを楽しみにしております。

何かご質問がありましたら、事前にお知らせください。

✎ すぐに会議に入るより、事前に「よろしくお願いします」の気持ちを言葉にしておくと、ポジティブな空気をつくることができます。

> お疲れさまです 本日の資料です 後ほどご覧ください

> ありがとう

もっと仲よくなりたい人に……

職場でもプライベートでも、「この人、なんだかステキ」「話したい！」と
感じたとき、相手の懐にスッと入れるような言い回しの例を集めました。

親しくなりたい同僚に

> おはようございます

> お疲れさまです

シゴデキ 最近、忙しそうですね。
何か手伝えることがあれば
教えてください。

今日はどんな一日になりそうですか？

昨日のプレゼン、とてもよかったです。

今日のお昼ご飯、一緒に行きませんか？

相手が職場の同僚なら、やはり仕事のことが共通の話題になります。相手を褒めたり、気づかったりする言葉をかけましょう。

 **これは避けたい**

○○さんってどこに住んでるの？

✏ 相手のことを知るために質問をするのは悪いことではありませんが、いきなり相手の個人情報を聞くようなことはひかえたいものです。

プライベートで会う人に

> おはようございます

> こんにちは

シゴデキ この間のパーティー、
とても楽しかったですね。

○○さん（共通の知人）からお話、
聞きましたよ。

次のイベントでまたお会いできるのを
楽しみにしています。

よければ、今度一緒に
どこかへ行きませんか？

✏ 初めの会話から共通点が見つかれば、「○○さんのおすすめはありますか？」など、さらにたくさんの会話ができそうです。

いつものあいさつに加えて④
久しぶりに会った知人・友人に……

仲がよかった相手でも、再会時はなんとなく緊張したり、言葉が続かなかったりするものです。「会えてうれしい！」の気持ちを言葉にしてみましょう。

突然会ったとき

おはようございます

こんにちは

シゴデキ 久しぶりですね、元気でしたか？

最近どうしてましたか？

こんなところで会うなんて、
うれしいですね！

時間ありますか？
少しお茶でもどうですか？

偶然の再会をしたときは、驚きを素直に言葉にしてみましょう。
近況を伺う言葉をプラスして会話のきっかけをつくって。

これで済ませがち

あ〜、○○さん！（後が続かず）

✏️ 驚きやうれしさが先に立ってしまい、その後の会話が続かなくなることも。ひと呼吸おいてから、相手の様子を伺ってみましょう。

イベントやパーティーで会ったとき

> こんにちは

シゴデキ

少しいいですか？
話したいことがたくさんあります。

久しぶりですね！　楽しんでいますか？

✏️ 同窓会やイベントで再会したときは、「楽しんでいますか？」と気にかけるひと言を。会話がきっかけで親交が再開したらステキですね。

いつものあいさつに加えて⑤
家族に……

一緒に暮らす家族だからこそ、何気ない言葉の伝えかたで居心地のよさが
生まれ、その日一日の仕事へのモチベーションも高まります。

朝の食卓やリビングで

> おはよう

シゴデキ 今日もよく眠れた？

朝ごはんの用意、ありがとう。

何か手伝えることはある？

朝食の後片づけは私がするね。

洗たく物を一緒に干そう。

ゆっくり話す時間のない朝でも、「よく眠れた？」「何か手伝おうか？」
など、相手を気づかう言葉を添えてみましょう。

こんなふうに言いがち

（いきなり）朝ごはんは〜？

……。（無言でしたくする）

家族だからと「何でもやってもらってあたりまえ」という気分になっていませんか？　日々「ありがとう」の気持ちを忘れずに。

出かける家族に

おはよう

いってらっしゃい

**シゴデキ** 今日も一日がんばってね。

今日も応援しているよ。

朝、出かける前にはポジティブな言葉をかけてあげたいもの。そうすれば自分も相手もいい一日のスタートが切れそうです。

作り笑いって
ダメなんですか？

　言葉には心を伝える力があります。そして表情はその言葉の意味を深め、相手との信頼関係を築くための大切な要素です。表情のなかでも特に笑顔には、人々を和ませ、心を寄せ合う効果があります。

　笑顔はときに作り笑いとして始まることがあります。そこには相手への思いやりが込められていますから、決して悪いことではないのです。それに、作り笑いには意外な利点もあり、幸福ホルモンの分泌を促し、ストレス軽減や健康的な影響をもたらします。また、職場の雰囲気を明るくし、チームの士気や生産性を高めることができるのです。

　そして何より、作り笑いは徐々に自然な笑顔へと変化していきます。まずは意識的に笑顔を作ることから始め、それが習慣化していくことが大切なのです。言葉と表情を組み合わせ、相手の心に寄り添うことで、より深いコミュニケーションが実現できるのです。

Chapter 2

どうやって呼びかける？

「あのー」「すみません」「失礼します」といった
呼びかけの言葉。ちょっと言い換えてみると
相手の受ける印象が劇的に変わります。
さらに、もっと自分の話を聞いてもらえる効果も。
今日から実践できる伝えかたがたくさんあります。

「◯◯さん」から始めよう

相手に呼びかけるときに「◯◯さん」と名前から始めることは、
人間関係にたくさんの"いいこと"をもたらします。

名前から呼びかけることのメリット

❶ 話を聞いてもらえる

名前を呼ぶことで、相手が「自分に話しかけられている」という認識を持ちやすくなります。これにより、注意を引きやすくなり、話を聞いてもらいやすくなります。

❷ 親近感を生む

相手との間に親近感を生むことができます。名前はアイデンティティーの一部であり、呼ばれることで、相手は自分が重要な存在として認識されていると感じます。

❸ 信頼関係を築く

名前を呼ぶことは、相手に対して敬意や関心を示すことでもあります。それが信頼関係を築く助けになり、コミュニケーションがスムーズになっていきます。

❹ 感情の共有

名前を呼ぶことで自分に向けられた言葉だと印象づけられ、呼びかけがより個人的で感情的なものになります。これにより、相手に伝えたいメッセージがより深く伝わりやすくなります。

❺ 記憶に残りやすい

名前を呼ばれることで、会話の内容が相手の記憶に残りやすくなります。特に複数の人がいる場面で「◯◯さん」と個別に名前を呼ばれると強い印象を残します。

肩書で呼ぶときも「◯◯部長」のように名前を入れると効果的です

❻ 注意を引く

混雑した場所や騒がしい環境では、「あのー」や「すみません」と言っても誰に話しかけているのかわかりません。名前を呼ぶことで相手の注意を引きやすくなります。

❼ 心理的な効果

心理学的に見ても、名前を呼ばれることは効果的です。相手は信頼感を抱き、自己肯定感が高まりやすくなり、いいコミュニケーションが生まれることがわかっています。

○○さん、おはようございます

○○さん、今、お時間いいですか？

○○さん、ありがとうございます！

○○さん、先日報告した件ですが……

○○さん、ひとつお願いがあるんですが……

○○さん、お昼ごはんご一緒しませんか？

○○さん、よろしくお願いいたします

○○さん！

「あのー」と会話を始めるより……

忙しそうな相手に気後れしてしまい、「あのー」などと呼びかけることがありますが、そこをほかの表現に置き換えると、印象がアップします。

上司に話しかけるとき

○○さん

シゴデキ ご多忙中、失礼します。
少しお時間をいただけますか？

恐れ入ります。
少々ご報告させていただく
お時間をいただけますでしょうか？

今よろしいでしょうか？
お伝えしたいことがございます。

「報告がある」「伝えたいことがある」「急ぎの用件がある」など、そのときどきの目的を伝えると相手も判断しやすくなります。

こんなふうに言いがち

あのー、◯◯の件ですが……。

自分の都合で声をかけてしまうと、忙しい相手に不快感を与えてしまうことも。今話しかけても大丈夫かをまず確認しましょう。

上司に質問・相談するとき

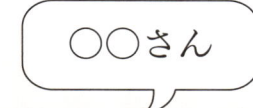
◯◯さん

シゴデキ

ご相談させていただきたいことがあるのですが、お時間よろしいでしょうか？

お忙しいところ恐縮ですが、少し伺いたいことがございます。

お手を止めてしまって申し訳ありませんが、助言をお願いできますか？

質問や相談など、上司に時間を割いてもらうときは、「お忙しいところ恐縮ですが」などと、お伺いを立ててから話すようにしましょう。

○○さん

シゴデキ

お願いがあるのですが、
お手伝いいただけますか？

お手数をおかけしますが、
助けていただけますか？

お忙しいところ申し訳ないのですが、
手を貸してもらえますか？

お時間があれば、少しご協力を
お願いしたいのですが……。

✎ 親しくしている上司や同僚でも「手伝って！」ではなく、手を貸してもらえるかどうか、丁寧なスタンスで声をかけましょう。

お忙しいところ
申し訳ないので
すが、手を貸して
もらえますか？

失礼します

取引先・お客さまに話しかけるとき

 **少々ご相談させていただきたいのですが、
よろしいでしょうか？**

**ご説明させていただきたいことが
あるのですが、
お時間よろしいでしょうか？**

🖊 取引先やお客さまには、失礼のないよういっそうの配慮が必要です。お伺いを立てることで、すんなりと本題に入れます。

来客に対応するとき

 **ご案内いたしますので、
こちらにお越しいただけますか？**

**ご用件を伺いますので、
少しお待ちいただけますか？**

🖊 来社したお客さまには、「ご案内いたします」「ご用件を伺います」
など、きちんと対応することを伝えて安心感を与えましょう。

 **みなさま、少しお時間をいただいても
よろしいでしょうか？**

**みなさまのご意見を伺いたいのですが、
少しお話しさせていただけますか？**

会議できちんと発言できると " シゴデキ " と印象づけられます。
誰かの話をさえぎったりせず、タイミングを見て申し出ましょう。

電話で話し始めるとき

○○さん

シゴデキ
お忙しいところお電話さしあげて
申し訳ないのですが、
ご相談させていただいても
よろしいですか？

お電話で恐縮ですが、
少しお話しさせていただけますか？

少しお聞きしたいことがあるのですが、
お時間いただけますか？

相手が何をしているかが見えない電話だからこそ、"今話しても大丈夫か"を確認することが大切です。

● **電話が苦手な人が増えている？**

電話に苦手意識を持つ人が増えているようです。メールやSNSでの文字のやりとりが基本になっていることが背景にありますが、仕事では電話で話す必要性が出てくることもあります。相手は電話が苦手かもしれないことを念頭に置いて、「お電話で恐縮です」「今、お話しさせていただけますか？」と伺うことが大切です。

「ねぇ」と助けを求めるより……

相手が近しい関係になるとつい使いがちな「ねぇ」という呼びかけの言葉。
悪いわけではありませんが、より差がつく言い回しをチェックしましょう。

話を始めたいとき

シゴデキ お話ししたいことがあるのですが、
少しお時間いただけますか？

ちょっと気になることがあるので、
ご相談してもいいですか？

今、お話ししても大丈夫ですか？

相手の状況を確認してから話し始めることで、相手にも聞く準備
ができ、伝えたいことがきちんと伝わります。

こんなふうに言いがち

ねぇ、○○の件だけど……。

相手も自分も情報共有できている案件だと、いきなり話を振ってしまいがち。そこをきちんと前置きすることで相手の理解も早くなります。

上司に質問・相談したいとき

○○さん

シゴデキ

お尋ねしますが、これはどうやって使うのでしょうか?

ご相談です。この問題はどう解決したらいいですか?

ご都合をお聞きしたいのですが、来週月曜日、午後はいかがでしょうか?

「お尋ねします」「ご相談です」と前もって伝えることで、相手に「聞く準備」ができて、話の内容が伝わりやすくなります。

相手の興味を引きたいとき

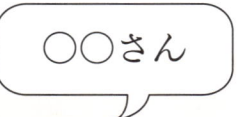
○○さん

シゴデキ 面白いことがあるんですが、
話を聞いてもらえますか？

興味深い話があるんですけど、
少し時間を取ってもらえますか？

ステキなことがあったので、
聞いてもらえますか？

いいニュースがあるのですが、
少しお時間をいただけますか？

今すぐ聞いてもらいたい！　そんなときは「面白い」「ステキ」
「ニュース」など、相手が興味をもちそうな言葉から会話を始めて
みましょう。

なになに？

面白いことがあるんですが
聞いてもらえますか？

企画などを提案したいとき

〇〇さん

提案があるのですが、少しお時間をいただけますか？

今、よろしいですか？私の提案を聞いてもらえますか？

ちょっと提案してもよろしいでしょうか？

いきなり切りだすのではなく「提案があるのですが」とお伺いを立てることで、相手への敬意や謙虚な姿勢を伝えることができます。

いいね！

絶対成功しそうなんです

新しい企画を提案したいのですが、お時間いただけますか？

「失礼します」だけじゃなく……

会議室、上司のいる場所に行く、先に帰るときなどに使う「失礼します」。
そこでひと工夫することで、差がつく言い回しも覚えておきましょう。

目上の人がいるところに行くとき

 **失礼します。お時間をいただき、
ありがとうございます。
ご報告させていただきます。**

**失礼します。
お忙しいところありがとうございます。
新しい商品のご紹介で伺いました。**

**お邪魔いたします。
ご報告があり、参りました。**

 目上の人がいるところに行くのは緊張するものですが、少し言葉
を加えるだけでその後のコミュニケーションが円滑になります。

こんなふうに言いがち

失礼します。○○の件ですが……。

「失礼します」から話し始めるのは間違いではありませんが、より丁寧にしたり、感謝のひと言を添えたりすると好印象です。

ほかの人より先に帰るとき

シゴデキ

お先に帰らせていただきます。今日もお疲れさまでした。

お先に失礼いたします。いろいろ教えてくださってありがとうございました。

「お先に失礼します」で済ませてしまいがちなところで使いたい表現です。ねぎらいの言葉や、明日へのポジティブな言葉を選んで。

「すみません」だけじゃなく……

本来は謝罪の意味を持つ「すみません」ですが、口グセになって多用していませんか？　うっかり口に出す前に、ほかの言い回しも考えてみましょう。

飲食店や販売店で

店員さん

シゴデキ **恐れ入りますが、
こちらに来ていただけますか？**

**お手すきのときに○○をお願いしても
よろしいでしょうか？**

**お願いなのですが、食べきれないので
持ち帰ることはできますか？**

**お聞きしたいのですが、この商品の
小さいサイズはありますか？**

店員さんに対する呼びかけは、「すみません」以外にもいろいろな
バリエーションがあります。場面に応じて使い分けましょう。

こんなふうに言いがち

すいません。すいませ〜ん。（繰り返す）

✏ 店員さんなど名前を知らない人を呼ぶときに言ってしまいがちですが、少し言葉を丁寧に加えることで言葉の温かみがグンと増します。

通りすがりの人に道を聞くとき

シゴデキ

ちょっと伺いたいのですが、この辺りに○○はありますか？

お聞きしたいのですが、○○はどちらでしょうか？

✏ 道ゆく人に声をかける場合、「ちょっと伺いたいのですが」など、やわらかい印象の言葉を使うと相手に警戒されにくくなります。

シゴデキさんの
㊙名前呼びテク

相手に話しかけるとき「○○さん」と名前を呼ぶと、名前を呼んだ人、呼びかけられた人、それぞれの好感度が高まる傾向にあるといわれています。名前で呼ばれることで「自分の存在が認められている」と無意識に感じるからです。私は自分の存在感が薄いのを自覚しているので、「宮本さん」と名前を呼ばれると内心「お、この人私のこと知ってる！」と思って、それだけでいい人認定してしまうくらいです。

この名前呼びテクニックの上級編があります。それは、名前を2回重ねて呼ぶこと。

「宮本さん」でもうれしいけれど、「宮本さん、宮本さん」って呼ばれると、なんだか、より親しみを感じませんか？1度目を聞き逃してしまっても2度目で私が呼ばれたかどうか確認できるのもいいですね。周りを観察してみると、上手に距離感を縮めてくる人は、年齢や性別を問わずこのワザを使っていました。自然に2回呼べるようになるには慣れも必要。練習してみましょう。

Chapter 3

ひと言で伝わる大人語

使うだけで、絶妙なニュアンスが伝わり、
ビジネスをスムーズにしてくれる言葉があります。
さらにその言葉には、使う人の印象をアップし、
シゴデキに見せてくれるという効果も……。
さまざまなシーンで使える大人語をマスターしましょう。

「お手数をおかけします」

自分の要求や行動が、相手にとって手間や労力になることを
謙遜しつつ伝えるフレーズです。

シゴデキ

お手数をおかけして
申し訳ございません。

✏ ビジネスメールで定番の表現。相手に何かをしてもらう必要がある
ときは、これを書き添えておくだけでグンと好感度が上がります。

シゴデキ

お手数をおかけしますが、
こちらにサインをお願いいたします。

✏ 何かをお願いすると、上から目線に感じられてしまうことも。クッ
ション言葉として使うだけで、表現がやわらかくなります。

お手数を
おかけしますが
ご確認
お願いいたします

議事録です

了解！

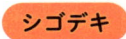 で伝わる大人語②

「お言葉を返すようですが」

相手の提案や意見に対して、否定的な反応をするときに使われます。

 **お言葉を返すようですが、**
その提案は現実的ではないと考えます。

> コミックやドラマではビシッとした言いかたで描かれますが、声のトーンや表情など、言葉の発しかた次第で印象をやわらげることもできます。

 **お言葉を返すようですが、**
それは社内規定で禁止となっています。

> 丁寧に伝えたいけれど、毅然とした態度をとるべきときに便利なフレーズです。トゲトゲしくならないよう気をつけて。

●使うときは要注意

「お言葉を返すようですが」は敬意の表現ではありますが、実は強い否定の意味が含まれているので要注意。この言葉で前置きをすると、「これから反論します」という意思表示になります。「おっしゃることはよくわかりますが」や「その通りだと思いますが」など、相手の言うことを肯定してから否定する言い回しも覚えておきましょう。

「お含みおき」

相手に対して特定の情報や要求を「覚えておいてほしい」ということを伝える丁寧な表現。「心に留めておいてほしい」というニュアンスです。

シゴデキ 期日までにご連絡がない場合は、契約の更新ができない旨を**お含みおきください。**

✏️ 日常的な言いかたで表すならば「わかっていますよね？」。「お含みおき」を使わずストレートに伝えると、かなり圧があります。

シゴデキ 明後日は出張で不在となりますので、**あらかじめお含みおきください。**

✏️ 「ご了承ください」と言い換えられますが、「ちゃんとこの情報をわかっていてくださいね？」と念押しする意味合いが強くなります。

● **ほかにこんな言いかたも！**

「お含みおきください」と似た意味で使われる言葉には、右のようなものがあります。

・ご承知おきください
・あらかじめご了承ください
・ご留意ください

ひと言 で伝わる大人語④
「僭越ながら」

せん えつ

謙譲の意を表して、相手を立てながら謙虚に
自己紹介や意見を述べる際に用いられる表現です。

シゴデキ **僭越ながら、**このプロジェクトには
私の経験が活かせるかと思います。

心の中では自信満々で自ら手を挙げるときでも、こんな言いかたを
すればカドが立ちにくくなります。

シゴデキ ご指名をいただきましたので、
誠に僭越ながら乾杯の音頭を
とらせていただきます。

「乾杯の音頭」は、一般的にはお祝いなどの華やかな場を代表する名
誉ある役回り。そんな場でこそ謙虚に、という姿勢を表す定型文。

誠に僭越ながら
乾杯の音頭を……

「貴重なご意見」

相手の意見や提案を高く評価し、尊重する意思を表す表現です。

**シゴデキ　貴重なご意見に
感謝申し上げます。**

🖊 もらった意見に賛成か反対かはさておき、意見をいただいたことに
対して、まずは感謝の意を述べるのが大人のたしなみ。

**シゴデキ　貴重なご意見を参考に、
再発防止に取り組んで参ります。**

🖊 不祥事や不手際にはさまざまな指摘が届きます。誠意ある反省の姿
勢を表すためにも、それらを受けとめる言葉を使いましょう。

● 「意見をください」のバリエーション

相手に意見を聞きたいときの表現
には、右のようなものがあります。
いずれも遠慮のない素直な意見を
指します。

・忌憚のないご意見

・ざっくばらんなご意見

・率直なご意見

ひと言 で伝わる大人語⑥

「さることながら」

本来は、内容の補足や関連事項の強調を行う表現ですが、
重要な別の点を指摘するときにも便利な表現です。

仕事の丁寧さもさることながら、
細かなお気づかいが素晴らしい。

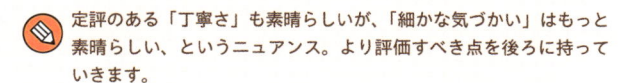 定評のある「丁寧さ」も素晴らしいが、「細かな気づかい」はもっと
素晴らしい、というニュアンス。より評価すべき点を後ろに持って
いきます。

プレゼンテーションの
内容もさることながら、
プレゼンターの進行の素晴らしさが
印象的でした。

「A がすごいと聞いていたけど、私はそれよりも B の素晴らしさに驚
いた！」と言いたいときにも有効です。

「もちろんのこと」
や「言うまでもな
く」と言い換えら
れます

「勉強になりました」

相手からの貴重な経験や教訓を受け取ったことを、感謝の気持ちとともに表現するフレーズです。

シゴデキ 営業に同行させていただき、
大変勉強になりました。

単に感謝するだけでなく「こんな成果がありました」と伝えることで、相手の自己肯定感がアップします。

シゴデキ ご指摘をいただき、
非常に勉強になりました。

その指摘が本当に勉強になったときはもちろんのこと、そうではなかった場合でもこの表現を使うと好感度アップ。

●使うときは要注意

謙虚な姿勢を表す「勉強になりました」という言葉ですが、多用しすぎには気をつけて。口グセのようになんとなく使っていると、相手から「じゃあ、どんなところが勉強になった？」などと聞かれるかもしれません。「営業戦略についてのお話がとても斬新で、大変勉強になりました」など、具体的に伝えると説得力が増します。

ひと言 で伝わる大人語⑧

「お力添え」

相手の協力や手助けがあったことに感謝の気持ちを表し、
その支援が役立ったことを示す表現です。

シゴデキ **みなさんのお力添えに
感謝いたします。**

✎ 「ご協力」と言い換えることもできますが「お力添え」のほうがより
パーソナルで距離の近いサポートのニュアンスが強くなります。

シゴデキ **お力添えをいただき、
乗り越えることができました。**

✎ 「あなたのおかげです」という感謝の気持ちを伝えるときに、このよ
うな表現を添えることでより高い効果が見込めます。

「ご了承ください」

相手に対して、自分の意見や要望を理解してもらいながら、
承諾してもらうことを求める場合に使います。

シゴデキ 料金は前日までにお支払いいただく
必要があります。**ご了承ください。**

表現をやわらげる「クッション言葉」は主文の前につけることが多いのですが、この場合は文末につけることで効力を発揮します。

シゴデキ この商品は返品・交換ができないことを
ご了承くださいませ。

「返品・交換ができない」というルールの理解に念押しをする際に使います。丁寧な言葉づかい、アプローチで相手に理解を求めます。

●目上の人と話すときは気をつけて

「ご了承ください」は丁寧な表現ですが、目上の人に対して使う際は注意が必要です。こちらの意見や要望に対し、一方的に「承諾してください」と言っているためです。

目上の人に対してこの言葉を使いたい場合は、「ご了承いただけますか？」とお伺いを立てる言いかた、「ご了承願います」とお願いする言いかたなどがあります。

ひと言 で伝わる大人語⑩
「後学のために」

先人の知識や経験を尊重し、それを将来の学びや行動に
役立てることを意味します。

 **シゴデキ**

後学のために
伺いたいのですが……。

 「後から学び始めた者なので、アドバイスしていただきたい」というニュアンスが含まれています。

> 使いすぎると
> 口先だけのように
> 聞こえることも……

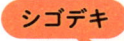 **シゴデキ**

これまでの研究結果を
後学のためにまとめています。

自分自身のこれからの研究に役立てるのはもちろんのこと、後世の
研究にも役立ててほしいという思いが感じられます。

＼ わかりやすい ／

この資料の作りかた、
後学のために
教えていただけますか？

「いたしかねます」

主にビジネスのやり取りや、公的な場面で使われます。
相手への敬意を示しつつ、要求に応じられないことを表しています。

シゴデキ 申し訳ございませんが、
ご希望にはお応えいたしかねます。

 丁寧な言いかたではありますが、明確な拒否の意思を表しています。

シゴデキ ご依頼いただいたデザインの
変更につきまして、
技術上の制約により**実現いたしかねます。**
ご了承ください。

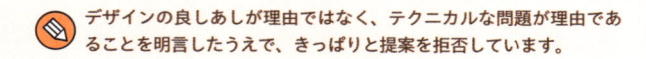 デザインの良しあしが理由ではなく、テクニカルな問題が理由であ
ることを明言したうえで、きっぱりと提案を拒否しています。

「申し訳ございませんが」など、お詫びの言葉を添えるといいですね

［ひと言］で伝わる大人語⑫

「つかぬこと」

相手に突然の質問をする際や、話題転換を行う際に、
丁寧な言いかたとして用いられます。

シゴデキ **つかぬことをお伺いしますが、**
このあたりに静かにランチを
食べられる場所はありますか？

> その前にどんな話をしていたとしても「つかぬことをお伺いします
> が」で話題を変えることができます。

シゴデキ **つかぬことをお聞きしますが、**
薔薇はお好きですか？

> 「つかぬこと」は漢字で書くと「付かぬこと」。前の話とは関係がな
> い（新しい話題）、という意味です。

●**ほかにこんな言いかたも！**

相手に意見を聞きたいときの表現
には、右のようなものがあります。
いずれも遠慮のない素直な意見を
指します。

・それはそうと
・話は変わりますが
・ところで
・ときに

「行き違い」

本来はコミュニケーションのすれ違いを表現する言葉ですが、
ビジネスでは、遠回しに督促・催促の連絡をする際によく使われます。

シゴデキ **本メールと行き違いで、**
すでにご手配されていましたら恐縮です。

✏ 相手の行動をやんわりと促す表現。ストレートに伝えるとカドが立つときに使います。

シゴデキ **行き違いでしたら申し訳ありません。**
本日までにいただく予定のご連絡が
まだ確認できておりません。

✏ 相手のミスであると予想されるときでも相手を責めないのがマナーです。

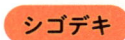 で伝わる大人語⑭

「ご教示」

相手から何かを教えてもらうことを丁寧に依頼する表現です。
謙遜や尊敬の気持ちを表します。

シゴデキ この問題の解決法を
ご教示いただけますか？

✎ 「教えていただけますか？」で十分なのですが、「ご教示いただけますか」のほうが丁寧でかしこまった印象になります。

シゴデキ お忙しいなか、
ご教示いただきありがとうございました。

✎ 忙しいところ、時間を割いて何かを教えてくれたことに対して、感謝の気持ちを伝える丁寧な表現です。

● 「ご教示」と「ご教授」

「ご教示」とよく似た言葉に「ご教授」があります。「ご教示」が知識や方法を「教え示す」という意味なのに対し、「ご教授」は専門知識や学問を時間をかけて「教え授ける」というニュアンスがあります。よほど専門的な技術や知識、学問をじっくりと教えてもらうのでなければ「ご教示」を選ぶのが正解です。

「謹んで」

相手に対する丁重な心持ちや敬意を表す言葉です。
改まった場面でよく用いられます。

シゴデキ 生前のご厚誼に心より感謝し、
謹んでお知らせ申し上げます。

✎ 文字通りの意味は「うやうやしくお知らせします」ですが、一般的にこのフレーズは訃報の際によく使われます。

シゴデキ 新プロジェクトのリーダーの件ですが、
謹んでお受けいたします。

✎ 仕事や役割などを、気を引き締め、慎重にかつ丁寧に引き受けるという意思を示す表現です。

● 「謹んでお断りいたします」?

こういう言いかたをする人もいますが、注意が必要です。本来は、最大限の敬意を持って「お受けできない」ことを伝える表現ですが、「絶対に、何があってもお断りします」というような明確な拒否を表しています。相手によっては慇懃無礼と思われかねないということを覚えておきましょう。

［ひと言］で伝わる大人語⑯
「承りました」

謙譲語の一つで、相手からの依頼やお願いを受け入れることを表す言葉です。同僚などに対してはあまり使われません。

 **ご依頼を承りました。**
期日までに作業を完了いたします。

「わかりました」だけではなく「あなたの要望を受け入れました」というニュアンスが含まれます。

 **このお電話は○○が承りました。**

単に「担当しました」よりも「しっかりと話を聞いて責任を持って対応する」というニュアンスが含まれます。

では、○○さんによろしく

○○への伝言を承りました

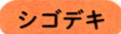
「お気づかい」

相手が自分に対して配慮や思いやりを示してくれたことについて、
敬意を表すものです。

シゴデキ お気づかいいただき、
ありがとうございます。

✎ 相手の気づかいにきちんと気づきつつ、その感謝の気持ちを言葉に
することで、相手との心の距離が近づきます。

シゴデキ どうぞお気づかい
なさらないでください。

✎ 年長者など目上の人に配慮してもらい、かえって申し訳なく思って
しまう……そんなときに使える丁寧な表現です。

ひと言 で伝わる大人語⑱

「お察し」

相手の心情や思考を推測し、同情や共感の意を表す言葉です。

シゴデキ みなさまのご不安な気持ち、
お察しいたします。

 たとえ相手が「不安だ」と訴えていなくても、その気持ちを理解して、感情に寄り添う意思があることを伝えています。

シゴデキ このようになった経緯を、
お察しください。

 つまり、「わかってください」の意味。「理解」だけでなく「共感」のニュアンスが込められているところがポイント。

シゴデキ **お察しの通り、**
チームのメンバーに変更があります。

 相手が何かを予想していることを感じ取り、「あなたが察している通り」というニュアンスで使用されます。

「恐悦至極」

目上の人から祝意や称賛の言葉をいただいたときなどに
「大変光栄に思います」という意味で使う丁寧な表現です。

シゴデキ この素晴らしい機会を与えていただき、
恐悦至極でございます。

🖊 特別な機会を与えられたことについて感謝と敬意を最大限に表現する、丁寧で格式の高い言葉づかいです。

シゴデキ **お褒めにあずかり
恐悦至極でございます。**

🖊 こういう言い回しをすることで、あなたが周りの人から褒められたら素直に喜びましょう。目上の人からの褒め言葉にはこのフレーズを。

で伝わる大人語⑳

「ひとかたならぬ」

「特別な」「非常に深い」「並々ならぬ」といった意味合いを持ちます。
目上の人や、特にご恩を感じている人に使うのが適切です。

シゴデキ **ひとかたならぬご厚情（こう じょう）を賜り、**
誠にありがとうございます。

> 「いつも大変お世話になっております」の意味。取引先やビジネスパートナーに送るフォーマルな内容の手紙やメールで使用します。

シゴデキ 在勤中は公私ともに
ひとかたならぬご懇情（こん じょう）を賜り
厚く御礼申し上げます。

> 退職や転勤のあいさつ状に欠かせない一文。お世話になったことに対する特別な感謝を伝える表現です。

特別なときに使う言葉なので、日常的にはあまり使いません

「恐れ入ります」

自分の行動・発言が、相手に不都合や迷惑をかけることを
謝罪や配慮の意味を込めて表現する言葉です。

シゴデキ このたびは大変お世話になり、
恐れ入ります。

🖊 自分が相手から受けたサポートを重く受け止めていることを伝える、
丁寧な言葉づかいです。

シゴデキ 恐れ入りますが、
この書類にサインをしていただけますか？

🖊 「すみません」よりも丁寧な言葉づかいで、相手への命令のニュアン
スをやわらげるクッション言葉になっています。

● ほかにこんな言いかたも！

相手がしてくれたことに対して、
改まってお礼を言う際に使われる
言葉には、右のようなものがあり
ます。

・恐縮です

・痛み入ります

・かたじけなく存じます

ひと言 で伝わる大人語㉒
「お見知りおき」

初対面の相手に自分のことを覚えておいてほしいという
要望を表す言葉です。自己紹介の場面でよく用いられます。

シゴデキ
新しく配属された山田です。
今後ともお見知りおきください。

 初めて顔を合わせる相手に対して、自然に自分を印象づけておきた
いとき、丁寧な印象を与えたいときにぜひ使ってみてください。

シゴデキ
以後、お見知りおきのほど
よろしくお願いいたします。

 本来は非常に丁寧で礼儀正しい言葉づかいが求められる場面に適し
ていますが、若い人があえて使っても印象に残るでしょう。

「形ばかり」

「形式だけのもの」という意味。お祝いやお詫びの贈りものを
謙遜して言うときに使います。

シゴデキ **形ばかりではございますが、**
お納めいただけると幸いです。

✎ 贈りものを渡すときに「つまらないものですが」と言うのが美徳と
された時代もありましたが、同じ謙遜ならこちらのほうがステキです。

シゴデキ ○○のテストを行いますが、
形ばかりのものですので
身構えずに受験してください。

✎ 「形式的なものです」と同じ意味ですが、やわらかい印象に変えるこ
とができます。

で伝わる大人語㉔

「お聞き及び」

相手がすでに聞いていることの丁寧な表現。
主に、人づてに聞いたことや前々から知っていることを指します。

 すでにお聞き及びのことと思いますが、
弊社は来年合併することになりました。

> すでに何らかの形で合併の情報が伝わっているであろう相手に対して、正式に確認や通知を行いたいときに使う表現です。

 来週の会議が中止になったことは
お聞き及びでしょうか？

> 「たぶん知っているとは思うけれど、ちゃんと伝わっているかな」と確認したいときに使う丁寧な表現です。

●ふと耳にした……そんなときは？

「聞き及ぶ」と似た言葉に、次のようなものがあります。「伝え聞く（人から情報が伝えられて聞くこと）」「漏れ聞く（間接的に聞くこと。うわさ話など）」「小耳に挟む（ちらりと聞くこと）」のように意味が異なります。誰かの話をふと耳にした……そんなときは、「漏れ聞く」や「小耳に挟む」が適しているでしょう。

「かしこまりました」

相手の指示や要求を了承し、それに従うことを表す丁寧なフレーズです。

シゴデキ **かしこまりました。**
上司に申し伝えます。

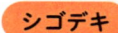 「わかりました」と言いたいときに、丁寧な印象を与えることができる便利な言い回しです。

シゴデキ **会議日程の変更について、**
かしこまりました。

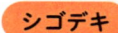 「承知いたしました」と同じ意味ですが、やわらかく、かつ、さらに丁寧な印象になります。

● 「了解しました」は OK ?

「かしこまりました」と同じ意味の「承知しました」のほか、日常で使う人の多い「了解しました」という言葉。本来の意味としては問題ないのですが、「了解」を目上の人に使うことは失礼だと感じる人もおり、注意が必要です。余計な誤解を生まないよう、上司や取引先、お客さまに対しては使用を避けたほうがいいでしょう。

ひと言 で伝わる大人語㉖

「お気持ちだけ」

相手の気づかいや配慮に対して感謝の気持ちを示しつつ、
実際の品物やサービスを受け取ることを辞退する際に使われます。

 **シゴデキ** ありがとうございます。
お気持ちだけいただきます。

相手の厚意を尊重しながらも、やんわりと断りたいときに便利な、
礼儀正しい表現です。

 **シゴデキ** **お気持ちだけで結構です。**

「お気持ちだけいただきます」に比べると、断りのニュアンスが強く
なります。

「幸甚」
（こう じん）

相手からの親切や恩恵、配慮などに対して感謝の意を表すときに
用いる言葉。相手に何かをお願いするときにも使います。

シゴデキ このたびのご支援、
誠に幸甚に存じます。

 「ありがとうございます」をとても丁寧に伝えるフォーマルな表現。
特に感謝と敬意を強調します。

シゴデキ お忙しいところを恐れ入りますが、
ご出席いただけましたら幸甚です。

 お願いをするときに使うパターン。メールなどで「幸いです」を使
いすぎかなと感じたときは「幸甚です」で変化をつけてみましょう。

● 「〜をお願いします」とメールで伝えるとき

紹介したように「幸甚」は何かをお願いす
るときにも用います。ただ、メールなどで
何度も「幸甚です」が出てくると不自然で、
堅苦しい印象になってしまうかもしれませ
ん。「〜いただけましたら幸いです」「〜を
お願いいたします」「〜いただけましたらう
れしく存じます」など、バリエーションが
あることを覚えておきましょう。

ひと言 で伝わる大人語㉘

「お言葉に甘えて」

相手の言葉を頼りにして、その言葉通りに行動することについて
許しを得る表現です。

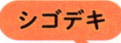 シゴデキ **お言葉に甘えて、**
お先に失礼いたします。

「先に帰っていいよ」という親切な申し出をありがたく受け入れるこ
とを表しています。

 シゴデキ **お言葉に甘えて、ご馳走になります。**

食事などを提供していただくという申し出を受け入れるときに、感
謝と謙遜の意味を込めて使います。

相手が社交辞令で言っ
ている場合など、とき
には遠慮したほうがい
いことも。状況をよく
考えましょう

［ひと言］で伝わる大人語㉙
「何卒（なにとぞ）」

相手に対して、何らかのお願いや、大事な依頼をすることを
強く伝えるために用いられます。

シゴデキ 何卒ご了承ください。

✏️ 「ご了承ください」をより丁寧に、「くれ
ぐれもよろしくお願いいたします」と強
調して言う表現です。

> 「何卒」の読みかたに注意。過去に「なにそつ」と誤読したアナウンサーがいました

シゴデキ 何卒ご検討の程、
よろしくお願いいたします。

✏️ 「ぜひともお願いします！」という強い思いがあるときにもぴったり
のフレーズです。

何卒よろしくお願いいたします

＼それでは／

ひと言 で伝わる大人語㉚

「失念」

何かをうっかり忘れてしまうことなどを指す言葉。仕事で思いがけず
ミスしてしまうことがあったときのために、覚えておきましょう。

 必要書類の提出期限を**失念していました。**
お詫び申し上げます。

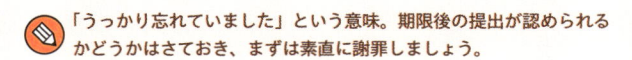 「うっかり忘れていました」という意味。期限後の提出が認められる
かどうかはさておき、まずは素直に謝罪しましょう。

シゴデキ ○月△日にいただいたメールの
返信を**失念しておりました。**

「失念」はメール文でも用いられます。返信が遅れてしまった場合は
早急に謝罪のメールを送り、真摯な姿勢を見せましょう。

●使うときは要注意

「失念」、忘れてしまうことは誰にでもある
とはいえ、多用には注意です。また、忘れ
たのではなく、知らなかったことに対して
は「存じませんでした」が適しているでしょ
う。さらに、「失念」は自分に対して使う言
葉で、相手には使えません。「忘れてくだ
さい」「気にしないで」と伝えたいときは「ご
放念ください」という言葉があります。

「当該」

特定の項目や内容に対して、その対象を明確に示す際に使われます。

〜〜〜〜〜〜〜〜〜〜〜〜〜〜〜〜〜〜〜〜〜〜〜〜〜〜

シゴデキ **当該書類は、**
大切な情報が含まれているため、
紛失しないように注意してください。

🖊 「当該」という単語を使うことで、どの書類を指しているのかをはっきりさせることができます。

シゴデキ **当該事件の被害者は、**
警察に詳細な証言を提供しました。

🖊 「当該」が何を指しているかは、文脈や前後の話題から特定されます。

● 「当該」と「該当」はどう違う？

「当該」と似た言葉に「該当」があります。漢字を逆にしただけのこの言葉、意味が少し違うので覚えておきましょう。「当該」が1つの物事を指すのに対し、「該当」は一定の条件や基準に当てはまるもの、つまり、ある範囲を指します。そのため、対象が1つとは限りません。文書にする際は特に注意してください。

ひと言 で伝わる大人語㉜

「勘案」

物事を検討する際に、情報や意見を総合的に考慮し、
適切な判断をするために慎重に考えをめぐらせること。

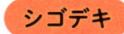 **プロジェクトの進行状況を勘案し、**
適切な方針を検討します。

✎ プロジェクトの進行状況を含めたさまざまな情報や条件を考え合わせることを指しています。

 **商品開発に必要なリソースを勘案し、**
業務の割り当てを行います。

✎ 複数の要素や条件を慎重に考慮すること。この場合「商品開発に関連するすべてのリソースをよく考える」という意味です。

似た言葉の「考慮」はよく考えるという意味。「配慮」は気づかう・心を配るという意味があります

「精査」

情報の内容や正確性を確認するために、
詳細に調べたり分析したりすることを指す言葉です。

シゴデキ 問題の解決に向けて、
データを精査する必要があります。

「詳しく調べる」という意味ですが、より専門的で正確な検証をする、
というニュアンスが強くなります。

シゴデキ 編集者は**内容を精査したうえで**
記事を公開した。

この場合、記事の公開にあたって細部まで厳密に調査したことが伝
わります。

● 「調査」「検査」との違いは？

似た言葉に「調査」「検査」があります。
いずれも何かを調べるという意味で使われ
ますが、少しずつニュアンスが違います。
「調査」は対象の動向や実態を幅広く調べ
ること（例：市場調査、国税調査など）、「検
査」はある基準と照らし合わせること（例：
視力検査、品質検査など）。場面に応じて
適切な言葉を選びましょう。

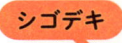 で伝わる大人語㉞

「訴求」

特定の対象に向けて、自身や商品・サービスの魅力を
うったえかけることを指します。

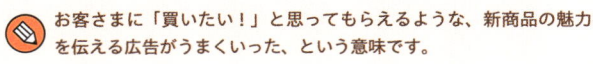

シゴデキ **新製品の特徴を顧客に訴求する**
広告キャンペーンが成功しました。

> お客さまに「買いたい！」と思ってもらえるような、新商品の魅力
> を伝える広告がうまくいった、という意味です。

シゴデキ **今回の提案の訴求ポイントは、**
予算の削減とプロジェクトの効率化です。

> 「訴求」という単語は、商品の魅力だけでなく、提案やプレゼンテー
> ションで強調したい利点やメリットを示す際にも使用できます。

ふだんづかいの言葉を
オトナ&上品に

　私には姉がいます。小さい頃は「おねえちゃん」と呼んでいました。でもいつしか「ねえさん」と呼ぶようになりました。高校生の頃からだったでしょうか。そう呼び慣れてくるとなんだか自分が大人になったような気がしたものでした。

「おねえちゃん」と「ねえさん」。ほぼ同じ単語ですが、「ちゃん」は子どもっぽく聞こえますね。

　こうした単語はほかにもたくさんあります。「やっぱり」と「やはり」、「とっても」と「とても」、「あっち」と「あちら」、「よっぽど」と「よほど」、「あんまり」と「あまり」……などなど。促音（小さい「っ」）や拗音（小さい「ゃ」「ゅ」「ょ」）、撥音（「ん」）を控えた表現は、相手に対して丁寧な印象を与えることができます。ただし、カジュアルな場面や親しい間柄では、促音を使うことで親しみやすさや感情を強調することもできるため、シチュエーションに応じて使い分けるといいでしょう。

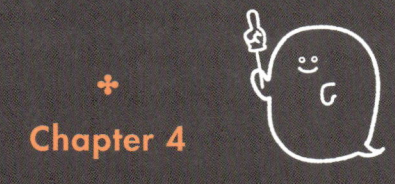

Chapter 4

「ご〇〇」「拝〇する」正しく使える？

日本語には、「ご〇〇」「拝〇」という言葉が
たくさんあります。
謙遜したり、相手を立てたりする表現であり、
ビジネスでもよく使われる言葉です。意味を理解し、
ここぞ！　というときに使ってみましょう。

ご厚意（こうい）

他人からの思いやりの気持ちや、自分に向けられた気づかいを表す言葉。一般的に、尊敬語の接頭語にあたる「御（ご）」を頭につけて「ご厚意」として使います。

ご厚誼（こうぎ）

「厚誼」は「厚い情愛」を意味する言葉。「ご厚誼」はそれに敬意を込めた表現です。本来、正式な文書やあいさつで使われるものなので、濫用（らんよう）しないようにしましょう。

ご厚志（こうし）

本来は「深い思いやりや温かい親切心」という意味。転じて、主賓や上司から労いの気持ちを示すために渡されるお金や品物、葬儀での香典や供物などを指す言葉になりました。

ご厚情（こうじょう）

文字通り「厚い情け」のこと。相手、特に目上の方から受けた「親切」や「深い思いやり」を指します。

〈ご厚意〉

シゴデキ ○○さまの**ご厚意**により、会場を
使わせていただくことができました。

「本当なら NG でもおかしくなかったところ、理解のある○○さんの
おかげで OK に。○○さんに感謝！」というニュアンス。

〈ご厚誼〉

シゴデキ 在職中のひとかたならぬ**ご厚誼**に対し、
心より感謝を申し上げます。

退職のあいさつ文で「この職場にいた期間、ご迷惑もおかけしまし
たが、大変お世話になりありがとうございました」と言いたいときに。

〈ご厚志〉

シゴデキ このたびの懇親会には社長から
ご厚志をいただきました。

（額の大小にかかわらず）社長から懇親会開催用にお金を出していた
だいたことを、会の参加者に知らせるときの表現。

〈ご厚情〉

シゴデキ 平素はひとかたならぬ**ご厚情**を賜り、
心より感謝申し上げます。

取引先などへのメールでの冒頭のあいさつ。「お取引ありがとうござ
います。いつも本当にお世話になっています」という意味。

ご高覧
（こう らん）

「見る」の敬語表現で、「ご覧になる」をさらに丁寧に表現したもの。一般的に「ご高○」は、相手の「○」という行為に対しての尊敬表現です。

ご高承
（こう しょう）

手紙、メールなどで相手が「承知する・承諾する」ことを、敬意を持って表現した言葉。意味としては「ご存知」や「ご承知」「ご承諾」と同じです。

ご高説
（こう せつ）

相手の言葉や意見（＝説）を優れたものとして高く評価し、その内容に敬意を表した表現。講演や議論の際に、相手の主張を尊重して感謝の意を示すときなどに使います。

ご高配
（こう はい）

相手の配慮や心配りに対して、敬意を表す言葉。簡単に言うと「お気づかいいただきありがとうございます」という意味です。

○○さま

弊社の新サービスの資料です。ご高覧ください

〈ご高覧〉

シゴデキ 弊社の新商品のご案内をお送りいたします。
ご高覧いただければ幸いです。

「うちの会社の新商品の資料を送ります。ぜひ見てくださいね！」という
ニュアンスです。

〈ご高承〉

シゴデキ **ご高承**いただけましたら、
手続きを進めさせていただきます。

「あなたの了解をもらえたら、こちらで手続きを進めますね」という
意味。「ご了解」「ご承認」よりもさらにへりくだった表現です。

〈ご高説〉

シゴデキ ○○先生の**ご高説**を賜り、
大変勉強になりました。

「○○先生のご講演を聞かせていただき、とてもありがたいお話で勉
強になりました！」という意味。

〈ご高配〉

シゴデキ **ご高配**に心から感謝申し上げます。
今後ともお力添えいただければ幸いです。

「たくさん配慮していただいてとても助かりました！　本当にありが
とうございます。今後も頼りにしています！」というニュアンスです。

拝読する
<ruby>拝<rt>はい</rt></ruby><ruby>読<rt>どく</rt></ruby>

「拝読」は「読むこと」の謙譲語で、文章や書類を読んで理解することを強調します。「お手紙を拝読しました」「先生の著書をいつも拝読しています」などと使われます。

拝聴する
<ruby>拝<rt>はい</rt></ruby><ruby>聴<rt>ちょう</rt></ruby>

ありがたく、謹んで聞くことのへりくだった表現。講演会や演奏会など、ある程度の時間を費やしてしっかりと耳を傾けるニュアンスで使われます。

拝受する
<ruby>拝<rt>はい</rt></ruby><ruby>受<rt>じゅ</rt></ruby>

「受け取る」という意味の謙譲語です。内容を確認したというよりも、受け取った旨を伝える際に使われます。

拝見する
<ruby>拝<rt>はい</rt></ruby><ruby>見<rt>けん</rt></ruby>

ありがたく目を通すことのへりくだった表現。「貴重なものを見る」というニュアンスで使われます。

〈拝読〉

シゴデキ ご提案いただいた資料を**拝読しました**。
非常に興味深い内容でした。

🖊 「もらった提案資料をよく読ませてもらいました」の意味。たとえ実際には興味深くなくても、こう伝える心づかいがあるといいですね。

〈拝聴〉

シゴデキ 先生のご講演を**拝聴し**、
大変感銘を受けました。

🖊 「先生の講演を聞かせていただいて」という意味。ポジティブな感想を合わせて伝えると好印象です。

〈拝受〉

シゴデキ ご提案の書類を**拝受しました**。
ありがとうございます。

🖊 「提出された提案書類、確かに受け取りましたのでひとまずお礼します」という意味。まだ中身を確認していなくても使えます。

〈拝見〉

シゴデキ お宅のお庭を**拝見できる**と聞いて、
とても楽しみにしています。

🖊 「お宅のお庭ってすごいんですよね? 見せてもらえるなんてありがたいです。楽しみです!」という意味。

ご清聴
<ruby>清<rt>せい</rt></ruby><ruby>聴<rt>ちょう</rt></ruby>

相手が丁寧に話を聞いてくれたことに感謝を表す言葉。会話やプレゼンテーションの後に用いられ、相手の理解や協力に感謝の気持ちを示します。

ご清栄
<ruby>清<rt>せい</rt></ruby><ruby>栄<rt>えい</rt></ruby>

相手の健康や繁栄などを祝う丁寧なあいさつです。主に手紙やメールの冒頭で用いられます。

ご笑覧
<ruby>笑<rt>しょう</rt></ruby><ruby>覧<rt>らん</rt></ruby>

見てもらうことを願って作品や文章を提供する際に、へりくだって使う言葉です。気軽に楽しんでいただけるような内容を示唆し、親しみやすさを表現します。

ご用命
<ruby>用<rt>よう</rt></ruby><ruby>命<rt>めい</rt></ruby>

相手からの依頼や命令を丁寧に表現する言葉です。敬意を込めて依頼されたことに従う意思を示します。

何かございましたら何なりとご用命ください

受付

〈ご清聴〉

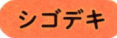

以上が私たちの発表です。
ご清聴いただきありがとうございました。

「これで発表を終わります。最後まで聞いてくれてありがとうございました」の意味。たとえ熱心に聞いてもらえなくても使いましょう。

〈ご清栄〉

時下ますます**ご清栄**のことと
お慶び申し上げます。

手紙の前文としておなじみ。「ご清栄」は法人に対して使います。個人に対して送るときは「ご清祥」に変更しましょう。

〈ご笑覧〉

研修で PR 動画を
製作いたしましたので、
どうぞ**ご笑覧**くださいませ。

「研修で PR 動画を作ったので、まあ出来はともかく、気楽に見てみてください！」というニュアンスです。

〈ご用命〉

もしお困りのことなどございましたら
何なりと**ご用命**ください。

「もし困ったことがあれば、何でも言ってくださいね」と、気軽な相談を歓迎する言葉です。

ご芳情（ほうじょう）

親切な申し出や好意を表す丁寧な言葉です。他人に対する気配りや配慮を示し、親しみやすさを表現します。

芳書（ほうしょ）

手紙などの書簡を意味する尊敬語。その手紙を書いた人を敬う表現として使います。ほかに「芳翰（ほうかん）」や「貴翰（きかん）」等とも言います。

ご尊名（そんめい）

相手の名前や地位を丁重に称える言葉です。敬意を表し、相手に対する尊敬の意を示します。

ご臨席（りんせき）

地位の高い人が、公的な会や催しに出席すること。招待された人がイベントや式典などに出席することを表す敬語表現としても使われます。

〈ご芳情〉

 **ご芳情**に深く感謝申し上げます。
今後も、さらなるご指導を賜りますよう
お願い申し上げます。

✎ 「親切にしてもらえてうれしいです。ありがとうございます。これからもよろしくお願いします」という内容をかしこまって伝える表現。

〈芳書〉

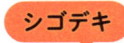 **芳書**を拝受いたしました。

✎ 「お手紙をもらいました」という意味。シンプルに「受け取った」事実だけ伝えています。メールの場合はほとんど使いません。

〈ご尊名〉

 **ご尊名**はかねて
存じ上げております。

✎ 「お会いしたことはありませんでしたが、お名前は知っていました」という意味。「おうわさはかねがね」と似ていますがさらに丁寧。

〈ご臨席〉

 このたびの会議に**ご臨席**いただき、
心より感謝申し上げます。

✎ 「会議に出席いただいてありがとうございます」という意味。「臨」は、出席者を敬った表現です。

91

ご自愛（じあい）

相手に対して深い愛情や思いやりを持って接することを意味する表現。相手の幸福や健康を願い、相手が安全で幸せな人生を送れるように励ますときに使用されます。

ご健勝（けんしょう）

相手の健康や幸福を祈る言葉です。主にあいさつ文やメッセージで使用されることが多く、相手が元気で健康であることを望む気持ちを表現します。

ご愛顧（あいこ）

サービス業界でよく使われる言葉で、お客さまや顧客からの応援や支持を表す表現です。信頼を大切にし、感謝の気持ちを示すために使用されます。

ご多用中（たようちゅう）

相手が忙しい状況であることを丁寧に表現する言葉。礼儀正しく、相手の忙しさを理解し、配慮を示す際に使われます。

メールの末尾に「時節柄ご自愛ください」と書けば、年中使えるあいさつになります

〈ご自愛〉

シゴデキ どうか**ご自愛**のうえ、
素晴らしい一年をお過ごしください。

 年末年始のあいさつで「体に気をつけて、健康で素晴らしい一年に
してくださいね」と相手を気づかうときに使います。

〈ご健勝〉

シゴデキ みなさまのご多幸と**ご健勝**を祈念して、
乾杯のあいさつとさせていただきます。

 「みんなが幸せで、身体的にも精神的にも良好でありますようにと
祈って乾杯します」というニュアンス。

〈ご愛顧〉

シゴデキ 日頃の**ご愛顧**に感謝して、
特別な割引をご用意しています。

 「いつも利用してくれて（買ってくれて）ありがとう。お礼に割引を
用意しました。特別なお客さまだけの割引です」というニュアンス。

〈ご多用中〉

シゴデキ **ご多用中**にもかかわらず、
お時間を割いていただき、
心より感謝申し上げます。

「忙しいのに時間をつくってくれてありがとう」の意味。万が一、相
手が忙しくなくても、時間をつくってくれたことに感謝しましょう。

ご容赦（ようしゃ）

自分が誤った行動をとったり、失礼な言葉を発したりした場合に、相手に対して謝罪や許しを請う際に使われます。

ご放念（ほうねん）

特定の状況や事柄を諦めて心を解放すること。何かを心の中で完全に終わらせることや、過去の出来事を気にかけずに前に進むことを表現する際に使用されます。

ご足労（そくろう）

相手がわざわざ足を運んでくれたことへの感謝の意を表す言葉です。相手の時間や労力を尊重し、丁寧な接待や歓迎の意を示します。

ご査収（さしゅう）

「査収」は、提出された書類や報告書などをよく調べたうえで受け取ることを意味します。「ご査収」で、相手に確認を求める意味の丁寧語となります。

本日はご足労いただきありがとうございます

〈ご容赦〉

シゴデキ 若干の誤字脱字は
ご容赦いただけると幸いです。

「誤字や脱字があったり、間違っていたりしたらごめんなさい」という意味。もちろん誤字脱字はないに越したことはありません。

〈ご放念〉

シゴデキ 予定を組み直すこととなりましたので、
次の会議については
一旦**ご放念**いただけると幸いです。

「前に伝えたこと（例では会議の予定）、一旦忘れてください」の意味。「ご放念くださいませ」など、へりくだった表現が合います。

〈ご足労〉

シゴデキ お忙しいなか、**ご足労**いただき、
ありがとうございます。

「来てくれてありがとう！」という意味。こちらが出向くという選択肢もあるなかで相手が来てくれたことに感謝を表しましょう。

〈ご査収〉

シゴデキ 報告書を提出いたしますので、
ご査収のほどよろしくお願い申し上げます。

「報告書のチェックをよろしくお願いします」というニュアンス。書類や報告書などを確認してもらう依頼をしているときに使います。

ご鞭撻（ごべんたつ）

相手を奮起させ、励まし、指導することを意味します。時には厳しい言葉や行動を用いて、相手の向上や成長を促すために使われます。

ご助力（ごじょりょく）

相手に対して手助けや支援をすることを意味します。自分の力や知識を提供し、相手の困難や課題をともに乗り越えるために行動する際に用いられます。

ご懸念（ごけねん）

相手の心配や悩みを丁寧に表現する言葉です。相手の安全や幸せを気づかい、心配していることを示すときに用います。

ご一報（ごいっぽう）

相手にお知らせをすることを丁寧に表現した言葉です。情報や出来事の報告、または連絡をする際に用います。

がんばってね

引き続き
ご指導ご鞭撻のほど
よろしくお願いいたします

別のプロジェクトに
なりますが…

〈ご鞭撻〉

シゴデキ 今後ともご指導**ご鞭撻**のほど、
何卒よろしくお願い申し上げます。

 「これからも、アドバイスや励ましをよろしくお願いします」という意味。引き続き相手のサポートや指導を期待しているときに使います。

〈ご助力〉

シゴデキ 私たちのプロジェクトに対する**ご助力**に
心から感謝申し上げます。

 「自分たちのプロジェクトを相手が手伝ってくれたことに対して、心から感謝している」というニュアンス。

〈ご懸念〉

シゴデキ **ご懸念**の点があれば
遠慮なくお知らせください。

 「何か気になることがあれば、気軽に言ってください」の意味。相手が何か心配なことがあれば、遠慮せずに伝えるように促します。

〈ご一報〉

シゴデキ 重要な変更が生じた場合は、
ご一報いただけると幸いです。

 相手が大事な変更をした場合、連絡をお願いするときに使います。裏には「勝手に変えないでください」という意図が含まれることが多いようです。

使いすぎの敬語を
スッキリさせる方法

「ご提出いただきました書類を確認させていただき次第、改めてご連絡させていただきます」

　敬語を使わなければ……という呪縛に取りつかれてしまい、つい、上記のように敬語が過剰になっていないでしょうか？　拙著『がんばらない敬語』（日本経済新聞出版／2022年）でも指摘しましたが「させていただく」の大渋滞は、文章をわかりにくくしてしまいます。もっと肩の力を抜いて、シンプルに丁寧な言葉を使ったほうがステキです。

「ご提出の書類を確認次第、改めてご連絡いたします」

とすればスッキリしますね。このくらいシンプルで大丈夫。語尾を丁寧にすれば、過剰に敬語を使わなくてもきちんとした敬意が伝わります。

Chapter 5

上手な感謝の言葉

ちょっとしたサポートを受けたとき、
相手が大きな幸せを与えてくれたとき、
シーンに合った感謝の気持ちを伝えることが大切です。
「ありがとう」「ごめんなさい」では言い表せない気持ちを
言葉にする練習をしていきましょう。

「ありがとう」に
「もうひと言」を添えて伝えよう

感謝の気持ちを表す「ありがとう」に、そのときの自分の感情や具体的な言葉を加えることで、より深みのあるシゴデキな言い回しになります。

感情や具体的な言葉をプラスするメリット

❶ 感謝の度合いが 伝わる

単に「ありがとう」とだけ言うよりも、あなたが相手にどれだけ感謝しているのか、その度合いを明確に伝えることができます。

❷ 誠実さが 伝わる

具体的な感情を言葉にすることで、形式的ではなく、気持ちがこもっていることが伝わります。その結果、誠実さもアピールすることができます。

❸ 相手との 距離が縮まる

感情を表現することで、相手に親近感を持ってもらうことができます。そうすることでお互いの心の距離が縮まり、関係も深まります。

❹ 相手が自らを 肯定できる

あなたの具体的な感謝が伝わると、相手は「やってよかった」と自分の行動を肯定できます。そのことが相手の心の中に満足感を生むのです。

❺ 感情の 共有ができる

「どんなふうにうれしく思っているか」を共有すると、相手も同じ感情を味わうことができます。ここから絆が深まるきっかけになります。

❻ コミュニケーションが 円滑になる

あなたの気持ちがより強く伝わるので、その後のコミュニケーションでも齟齬（そご）が生まれにくいでしょう。対話がスムーズになります。

これで
済ませがち

ありがとう！（後が続かず）

✏️ きちんと「ありがとう！」の言葉を伝えるのは、基本中の基本。ただせっかくなので、そこにあなたの真心を少しでもトッピングしておきましょう。

応援ありがとう！　元気が出ました

たくさん心配してくれて、
心からありがとう！

○○さんの言葉が
うれしかったです。
ありがとうございます。

本当にありがとう。
とても勉強になったよ

助けてもらったとき

 **本当にありがとう。**
あなたのおかげで助かったよ。

助けてくれてありがとう。
いつも頼りにしています。

昨日はありがとう。
君の優しさに感動したよ。

感謝の気持ちでいっぱいです。
ありがとう。

さっきはフォローしてくれて
ありがとうございました。
とても助かりました。

「相手の行動がどれだけありがたかったか」をシンプルにつけたしてみましょう。率直であるほど、気持ちは伝わります。

こんなふうに感謝されたら、相手もきっとうれしいはず！

シゴデキ 本当にありがとう。
あなたの言葉に救われました。

応援してくれてありがとう。
元気が出ました。

励ましの言葉、心から感謝しています。
ありがとうございます。

支えてくれてありがとう。
とても心強かったです。

あなたが辛いときや落ち込んでいるときに励ましてもらった際、感謝の気持ちだけでなく、とても勇気づけられた感情も伝える表現です。

\そんな〜/

本当にありがとう。
○○さんの言葉に
救われました

それは、もう知っています。

✏️ そのアドバイスがすでに知っていることでも、感謝の気持ちは忘れずに伝えて。「○○さんもそう思いますか？」と共感で返すのもひとつの手です。

何か教えてもらったとき

シゴデキ **教えてくれてありがとう。
とても勉強になりました。**

ありがとう。**あなたの教え方が
わかりやすくて助かりました。**

✏️ 仕事や学びの場で何かを教えてもらった際、そのことがどれだけ自分の役に立ったかを、相手に伝える表現です。

そう、よかった！

先日はありがとうございました。
おかげで問題が解決しました

お祝いしてもらったとき

シゴデキ ありがとう！　最高にうれしいです。

本当にありがとう。
あなたと一緒に過ごせて幸せです。

驚きました。ありがとう。
忘れられない思い出になりました。

サプライズありがとう！
とても感激しました。

誕生日や特別な日に祝ってもらった際、驚きとともに喜びを伝える表現です。そのうれしい気持ちを素直に言葉にしてみましょう。

105

感謝の度合いを変えて伝えよう

感謝の気持ちにもさまざまなレベルがあります。軽やかな感謝、より深い感謝……それぞれ言い回しを変えるのがシゴデキです。

軽やかに言うと

感謝、感謝！いつもありがとうね。

 フレンドリーな感謝の表現です。いつも仕事のサポートをしてくれる人や家事をしてくれる家族に、気軽に伝えてみましょう。

深く感謝する表現

シゴデキ ## 誠にありがとうございます。

大変感謝しております。

心よりお礼申し上げます。

 より深い感謝を伝える言い回しです。上司や取引先の方に何かをしてもらったときに多く使われる、慣れ親しんだ言葉です。

さらに深く感謝する表現

 シゴデキ **何度感謝しても足りません。**

感謝の念に堪えません。

深甚なる感謝を申し上げます。

感謝の極みです。

最大級の感謝の気持ちを伝える言葉です。きちんとした言い回しですが、「ここぞ！」というときに使い、多用するのは避けましょう。

助かったよありがとう！

心の底から感謝いたします

振り返って「ありがとう」

「あのとき、きちんとお礼を言えばよかった……」と後悔したことは
ありませんか？　時間差があっても感謝を伝えることは大切です。

ビジネスで

シゴデキ 遅くなりましたが、あのときの
ご協力に感謝しています。

あのプロジェクトでの支援、
ありがとうございました。
本当に助かりました。

昔、助けてもらったこと、
今でも感謝しています。ありがとう。

あのとき、サポートしてくれてありがとう。
おかげで乗り越えられました。

 相手の記憶も時間とともに薄れてしまうため、「○○のときは」な
ど、具体的に何に対しての感謝なのかを伝えるようにしましょう。

> **これで済ませがち**
>
> # その節はありがとうございました。
>
> 🖋 過去のことについて感謝を伝えるステキな表現ですが、どんなふうに感謝しているかや、気持ちをプラスするとより効果的。

プライベートで

 **昔、話を聞いてくれたこと、今でも感謝しています。** ありがとう。

あのときの優しさ、本当にありがとう。心から感謝しているよ。

🖋 時間が経ってからの感謝をあえて伝えることで、「ずっと覚えてくれていたんだ」と相手がうれしく感じるという効果もあります。

恩師に対して

 **あのとき、ご指導いただき** ありがとうございました。 **今でも感謝しています。**

🖋 過去に恩師から受けた指導に対する感謝の言葉の一例です。同窓会などで会う機会があれば、ぜひ伝えてみましょう。

好きな人に「ありがとう」

好意を持っている人に感謝の気持ちを伝えることは、関係を深めるために効果的です。大切な人に心からの言葉を贈りましょう。

日常のサポートに対して

 **ありがとう。あなたがいてくれて本当に助かりました。**

助けてくれてありがとう。あなたの優しさにいつも感動しています。

困っているときに声をかけてくれてありがとう。あなたの存在に救われます。

毎日のサポートに感謝しています。あなたのおかげで毎日が楽しいです。

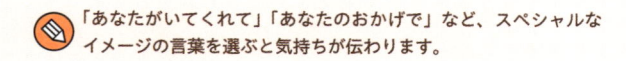 「あなたがいてくれて」「あなたのおかげで」など、スペシャルなイメージの言葉を選ぶと気持ちが伝わります。

これで
済ませがち

……。（言葉にならず）

✎ 信頼できる身近な相手であればあるほど、大切な言葉を言いそびれ
てしまうもの。だからこそ「ありがとう＋α」のひと言を忘れずに
伝えて。

特別な時間を過ごしたときに

シゴデキ **今日のデート、ありがとう。
あなたと過ごす時間がとても楽しいな。**

**今日の思い出、ありがとう。
あなたと一緒にいると
心が温かくなるよ。**

✎ ステキな時間を過ごしたあとには、ちょっと改まった言葉がけが
効果的。デートから帰宅した後にメールを送ってもいいですね。

ワンタップで完了する
オンライン取引のマナー

　オンラインで見知らぬ人とやり取りする場面も増えてきた現代、文字だけのコミュニケーションに不安を感じる人が少なくありません。しかし、適切な言葉づかいと心づかいを持てば、オンラインでのやり取りをスムーズに、そして有意義にすることができます。

　その好例が、フリマアプリ「メルカリ」です。2023年にサービス開始10周年として、取引メッセージのテンプレートが新機能に加わりました。「購入させていただきました。短い間ではございますが、よろしくお願いします」のように、売買が成立した際のコメント送信がワンタップで可能になったのです。相手の顔が見えないなか、どのようなメッセージを送るべきか迷うことなく、相手に不快感を与えない取引ができるという点で、大変有効な取り組みだといえます。月間2000万人超の利用者を集めるといわれるメルカリの成功は、このような工夫が功を奏しているのかもしれません。

Chapter 6

上手なお詫びの言葉

ミスをしてしまった、失礼なことをしてしまった……
そんなときに大切なお詫びの言葉。
問題解決＆名誉挽回の近道になる
上手なお詫びの言葉をチェックしましょう。
さらに信頼アップのチャンスになるかもしれません。

「ごめんなさい」に添える言葉は?

お詫びをしなければならない場面になったら、基本的にはすぐ謝るのが解決の近道。謝罪時に気をつけたいポイントをチェックしましょう。

具体的な
お詫びの
内容

＋

解決策

誠実で具体的な
お詫びの言葉＋
再発防止のため
の解決策を伝え
ましょう

●気持ちが伝わるお詫びとは

「ごめんなさい」と謝っても、その言葉に気持ちや行動が伴わないために、さらに状況が悪化してしまうことがあります。お詫びをするときは、「具体的なお詫びの内容」に「解決策」を添えて伝えることが大切です。必要なときにスッとお詫びの言葉が出てくるよう、状況に応じた言葉をインプットしておきましょう。

これで済ませがち

誠に申し訳ございませんでした。

きちんとお詫びするのは最低限のルールとして、そのうえで具体的な対応策や気持ちのこもった念押しなどもひと言添えるといいでしょう。

仕事で失敗したとき

シゴデキ

会議に遅れてしまい、誠に申し訳ございません。
次回からはきちんと時間を守ります。

報告漏れがあり、大変失礼いたしました。
今後は確実に報告いたします。

大切な予定を忘れてしまい、本当にごめんなさい。
今後は予定の管理を徹底いたします。

配送商品に間違いがあり、申し訳ございませんでした。
迅速に対応いたします。

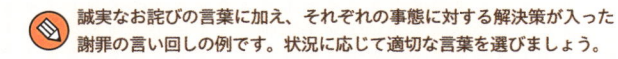

誠実なお詫びの言葉に加え、それぞれの事態に対する解決策が入った謝罪の言い回しの例です。状況に応じて適切な言葉を選びましょう。

ミスしたときの「ごめんなさい」

ミスは誰にでもあるものですが、そこからのリカバリーで差がつきます。
さまざまなシーンのお詫びの言葉を見ていきましょう。

ミスをいさぎよく認める言葉

シゴデキ 招集ミスでご迷惑をおかけし、誠に申し訳ございません。
次回からは参加メンバーを再確認いたします。

私のミスでプレゼンがうまくいかず、申し訳ありませんでした。
再度見直しを行います。

私のミスで書類に誤りがありました。
心よりお詫び申し上げます。
今後は確認を徹底します。

自分のミスをいさぎよく認めて、正しく謝れるのがシゴデキ。言い訳はせず、素直に認めて次に生かしましょう。

こんなふうに言いがち

確認はしたんですけど……。

言いたくなる気持ちはわかります。でも、ミスしてしまったのは事実。「この人、いさぎよくないなぁ」と思われかねないので、気をつけて。

すぐに対応する言葉

シゴデキ 返事が遅れてしまい、誠に申し訳ありません。
今すぐ対応いたします。

資料に誤りがあり、申し訳ありませんでした。
修正したものを早急にお送りします。

相手に対して、自分がすぐに対応することを伝える言葉です。訂正できるミスの場合は、できるだけ早く対応すると誠意が伝わります。

訂正したものを早急にお送りいたします

請求書に誤りがあり申し訳ありませんでした

シゴデキ 在庫不足で納品が遅れてしまい、誠に申し訳ございません。

今後は在庫状況を常に把握し、再発防止に努めます。

プロジェクト進行にミスがあり、すみませんでした。

次回からは進行管理システムを導入します。

顧客対応に不備があり、誠に申し訳ございません。

次回からマニュアルを見直し、再発防止に努めます。

ご迷惑をおかけして申し訳ありません。

システム改善を進め、同じ問題が起きないようにいたします。

ミスを繰り返さないために、どんな対応を取るのかを伝える言葉です。具体性があり、真摯に向き合っていることが伝わります。

● ほかにはこんな「ごめんなさい」の言いかたも

「不徳の致すところ」
自分のミスや未熟さ（＝徳がない）が原因だと認めて、反省しているという意味です。

「弁解の余地もございません」
どんな言い訳もできません、非難や叱責を受け入れますという意味です。

相手の気持ちをやわらげる
「ごめんなさい」の次のひと言

相手に迷惑をかけている、要望に応えられない……という場面で、
不満や怒りをやわらげて、相手の怒りをしずめるための言葉です。

本当にごめんなさい！（後が続かず）

お詫びをすることも大事ですが、相手は「で、どうするの？」と、
あなたの次のアクションを待っています。そこを添えましょう。

待ち合わせに遅刻したとき

遅れてしまってごめんなさい。
急いで向かっています。

遅刻してごめんなさい。
お詫びにランチは私がごちそうします。

待たせてごめんなさい。
次回はもっと余裕を持って行動します。

「急いで向かっている」「お詫びにご馳走します」など、あなたのこ
の後の対応を伝えることで、相手の気持ちが少しやわらぐことも
あります。

予定の変更を知らせるとき

シゴデキ 急な予定変更でごめんなさい。
ご都合のよい日を教えてください。

予定を変えることになってごめんなさい。
ご協力いただき感謝します。

こちらの都合で予定を変えるときの言い回しです。できるだけ相手に寄り添った言葉を選んで伝えるようにしましょう。

相手のお願いを断るとき

シゴデキ 力になれずごめんなさい。
次回は全力でサポートします。

お願いを断ってごめんなさい。
次回はぜひ協力させてください。

相手のお願いに応えられないときの言い回しです。「今回は難しかったが、次回は協力したい」という意思を伝えましょう。

相手を受け入れる
「ごめんなさい」の次のひと言

思わぬところから誤解が生じたり、気持ちがすれ違ったりしたときに、相手の立場、感情を尊重して関係を良好に保つための言葉です。

 **悪気はなかったんですが……。**

📝 たとえ悪意なしでやってしまったことも、お詫びの中にこの言葉が入ると、あなたが自分自身を擁護しているという印象を与えてしまいます。

意見の違い・誤解があるとき

 話をさえぎってしまってごめんなさい。
あなたの考えを尊重します。

言葉足らずでごめんなさい。
ちゃんと話し合いましょう。

📝 お互いの意見に相違、ズレが出てしまったときは、まずは相手の話をしっかり聞く姿勢を言葉で伝えることが、わかり合うためのステップです。

忙しくて時間が取れなかったとき

シゴデキ 忙しくて時間が取れずごめんなさい。
今度ゆっくり話しましょう。

長い間連絡できなくてごめんなさい。
今度の週末に会いましょう。

忙しくて相手への対応がおろそかになってしまったときの言い回しです。ゆっくり話したい、会いたいという意思を伝えましょう。

感情的になってしまったとき

シゴデキ ひどいことを言ってしまってごめんなさい。
冷静に話し合いましょう。

怒ってしまってごめんなさい。
もっとあなたの気持ちを考えます。

感情的になってしまったときは、自分も冷静になれる言葉選びを。「きちんと向き合いたい」というあなたの気持ちを伝えましょう。

相手の気持ちに気づかなかったとき

 **シゴデキ**

あなたの気持ちに気づかずごめんなさい。
これからはきちんと配慮します。

気づいてあげられなくてごめんなさい。
もっとあなたの話を聞かせてください。

今まで気づかずにごめんなさい。
今後はあなたの感情を尊重します。

あなたの意見を無視してごめんなさい。
もう一度聞かせてください。

相手の気持ちを軽視してしまったことへのお詫びです。「あなたを大切に思っている」という気持ちを表す言葉を添えましょう。

人は1秒しか
沈黙に耐えられない!?

アメリカのある社会学者が英語での会話を研究し、応答の遅れや沈黙について分析を行いました。その結果、多くの会話における沈黙の最大持続時間は、1秒であるという結果が出たそうです。

つまり英語での会話の場合、1秒以内に返事が来たら「早い」と感じ、1秒以上かかったら「遅い」と感じるということになります。

また、人間は理屈抜きに、よい返事は反応が速く、悪い返事は反応が遅いことを知っています。ですから、会話のなか、特に何かの問いかけをしたときに1秒以上の沈黙があると、そのわずかな瞬間で「え、何か悪い返事が来る?」と不安になってしまうのです。

一般的に「不安」を感じる相手に好感は持ちませんよね。たとえ「んー」「そうですね……」のような言葉でつないでも構わないので、会話の中では1秒以上の沈黙をつくらないほうがよさそうですね。

Chapter 7

いろいろな意味を
持つ言葉

日々の生活でよく使われる言葉のなかから、
シチュエーションや発する人によって
ニュアンスが変わってくるものを紹介します。
「この場ではどういう意味で使われているのか」を
考えることが、コミュニケーションのコツです。

単語のニュアンスの違い、理解してますか?

同じ単語なのに、場面によってニュアンスが変わる言葉があります。
意味を複数持つ言葉と、その使われ方をご紹介します。

～ word 1 ～
すごい

形容詞ですが、「すごく」の形で副詞としても使われます

ニュアンス 著しい

特性や影響が顕著で、ほかと比べて際立っていることを表します。目に見えてはっきりしていることを示します。

使われかた
「人口がすごく低下している」

ニュアンス 素晴らしい

非常に優れていて、感動や賞賛の対象となることを表します。物事を高く評価する意味を含みます。

使われかた
「そのピアノの音色はすごい」

○----○

● きちんと使い分けよう

同じ単語でも、シチュエーションによってそのニュアンスが変わります。話し手の意図する単語の意味と、聞き手が受け取る単語の意味が同じとは限らないことを覚えておきましょう。あなた自身がその単語をどのようなニュアンスで使っているのか自覚することも大事です。あいまいな認識のときはその場に応じて別の言葉で言い換えることも必要です。

○----○

ニュアンス ## 抜群である

ほかと比べて際立って優れている、抜きんでていることを示します。

使われかた

「彼女は学生時代に
すごい成績を修めた」

ニュアンス ## 猛烈な

かなり強烈で激しいことを表します。この意味で使われる際はしばしば否定的な状況や感情を指します。

使われかた

「すごい雷雨で、
道路は水浸しになった」

とにかく……
あの会社、
すごいんです！

~ word 2 ~
# やばい

（吹き出し）この景色やばい！

（吹き出し）どういう意味かな？

ニュアンス　危ない

危険な状況や事態を指す言葉です。何かが予想外の方向に進んでいるときや、危機的な状況を表現するときに使われます。

使われかた

「あのドライバー、スピード出しすぎてるからやばいよ」

ニュアンス　素晴らしい

驚くほど素晴らしい、感動的なものを表現するときに使われます。非常に優れているものを指します。

使われかた

「あのライブ、やばかった！最高だったよ！」

● 「やばい」の多用に注意

若者によく使われる「やばい」ですが、ビジネスシーンでは幼稚な印象を与えてしまうのであまりおすすめできません。驚いたときなどに、つい「やばい」が出てしまうことも考えられますので、ふだんから多用に注意。「やばい」と言いそうになったときは、別の言葉に言い換える練習をしておくといいでしょう。

ニュアンス かっこいい・クールな

主に若者に用いられ、スタイリッシュでクールなことを表します。ファッションや音楽、ライフスタイルなどの話題で使われます。

使われかた

「彼の新しいジャケット、めっちゃしぶいよね」

ニュアンス 控えめで地味だが、良い

地味で控えめだが、そのなかによさや味があることを指します。目立たなくても、実用的でよいものを表現する場合に使われます。

使われかた

「このレストラン、外見はしぶいけど、料理が美味しいんだ」

ニュアンス ケチ

倹約家な態度を指す場合もあります。金銭に対して極度の節約をする様子を描写する際に使われます。

使われかた

「あの人、お金にはしぶいって言われてるよ」

~ word 4 ~
# 心配

いろいろな場面で使われる言葉。「心配」の度合いには幅があります

ニュアンス 気がかり

何かが頭から離れず、気にかかる状態を指します。特定の事柄に対する不安を感じるときに使います。

使われかた

「明日のプレゼンが
うまくいくかどうか、心配だ」

ニュアンス 危惧する

悪い結果をもたらす重大な事態が生じることを恐れる状態を指します。特に将来に対する深刻な不安を表します。

使われかた

「環境破壊が進むことを
心配する声が多い」

地球の環境が心配されます

Aランチがまだあるか心配～

「心配」のレベルはいろいろ

~ word 5 ~

邪魔

いろいろな意味を持つ言葉。似ているようで、ニュアンスが微妙に異なります

ニュアンス ### 妨げる

物事の進行や成り行きを阻むことを指します。また、差しつかえる、禁止するなどの意味もあります。

使われかた
「騒音で、勉強中の集中力が邪魔される」

ニュアンス ### 水を差す

よい雰囲気や順調な進行だったところに、横から介入をして物事をさえぎることを指します。

使われかた
「話の邪魔をして申し訳ありませんが、本題に戻りましょう」

● 「うざい」という表現について

「邪魔」と似た意味で使われる「うざい」という言葉にも、いろいろな意味があります。

・鬱陶しい　　・目障りだ
・煩わしい　　・おぞましい

といったニュアンスで使われますが、「うざい」という言葉は相手に強い否定を感じさせるので使用には注意が必要。ビジネスでは使わないことをおすすめします。

~ word 6 ~

いっぱい

たくさんあること、量が多いことを示しますが、ニュアンスは少しずつ違います

ニュアンス　おびただしい

数や量が非常に多く、圧倒されるほどであることを指します。数えきれないほどの、無数のという意味もあります。

使われかた

「大雨が降ったせいで川の水がいっぱいだ」

ニュアンス　数・量が多い

いくつもあること、数が多いこと、または多くの種類があることを指します。

使われかた

「彼女には素晴らしい功績がいっぱいある」

●シゴデキな人は「数字」で伝えている

さまざまな文脈で使われる「いっぱい」や「ちょっと」などの分量や数量を表す言葉ですが、ビジネスでは数字で考える力も必要です。「お客さまが昨日よりいっぱい来てくれました」→「お客さまが昨日と比べて3倍も来てくれました」など、具体的な数字を使って表現すると、どのくらいの分量・数量かが伝わりやすくなります。

ニュアンス 豊富

種類や数量、分量が非常に多く、十分にあることを指します。豊かであること、満たされていることも示します。

使われかた

「この地域には自然の恵みがいっぱいだ」

ニュアンス 限界

これ以上はなく、最大限に達している状態を指します。ぎりぎりである、精いっぱいであるという意味もあります。

使われかた

「彼はもう体力がいっぱいいっぱいだ」

いっぱい手伝うよ！

大丈夫？

仕事でいっぱいいっぱいです

~ word 7 ~

ちょっと

ニュアンス 幾分

数や状態がある程度小さな範囲にあることを示します。また、「いくつかあるうちの一部分」という意味もあります。

使われかた

「彼の意見にはちょっと賛成できる部分がある」

ニュアンス 多少の気持ち

感じかたや気分において、わずかに変化があることを指します。「実際には変化がないのに、変化がある気がする」という場合も。

使われかた

「この薬を飲んだら、ちょっと楽になった気がする」

ニュアンス 些細

物事の程度や問題が小さく、影響が少ないことを指します。「何気ない」という意味合いも含みます。

使われかた

「彼のミスはちょっとしたことだったので、問題にならなかった」

ニュアンス 先を急いで不十分

先を急いで、目の前の物事を
十分にしないままで進んでい
くことを指します。

使われかた
「部長は会議もそこそこに
退出した」

ニュアンス 並以上

予想以上に多くの量や、高い
程度であることを表します。

使われかた
「この本はそこそこ難しい内容だ」

ニュアンス それなり、ほどほど

状況や条件に応じた程度を指
します。特別ではないものの、
適度であることを示します。

使われかた
「彼はそこそこ努力している」

~ word 9 ~

絶対

つい使ってしまう言葉ですが、ちょっと注意が必要です

ニュアンス ## 必ず

確実に起こることを指します。何があっても、どうしてもという意味を含みます。

使われかた

「明日の会議には絶対に
遅れないようにしてください」

ニュアンス ## 一切

全てを含み、例外のないことを指します。ことごとく、全部という意味を含みます。

使われかた

「その件に関しては、
絶対に話さないと決めた」

ニュアンス ## 制約されない

ほかの何にも制約・制限されないことを指します。「絶対的な○○」などと言うこともあります。

使われかた

「彼の言うことは絶対だ」

~ word 10 ~

適当

まったく違う意味に捉えられてしまうこともあるので、要注意です

ニュアンス 合っている

目的や条件に合っていること、ふさわしいことを指します。ほどよい、ちょうどよいという意味もあります。

使われかた

「彼はこのプロジェクトに適当な人物だ」

ニュアンス いい加減な

やりかたなどがいい加減で大雑把なこと。おざなり、生半可、でたらめという意味もあります。

使われかた

「適当な仕事をしないでください」

● 「適当にやっておいて」と言われたら?

上司に「この仕事、適当にやっておいて」と言われたらどうしますか? 「適当」には正反対とも言える2つの意味があります。この場合は仕事ですから、「いい加減にやっておいて」ではなく、「適切な方法で、処理しておいて」という意味だと思われます。あなたが誰かに話すときも「適当に」と言うと、戸惑わせてしまうかもしれません。

あえて、外国人向けの
日本語辞典を使ってみる

　もっと語彙力を高めたい、と思っている人はきっと少なくないはず。そんな人には、外国人が日本語を学ぶ際に使用する日本語辞典がおすすめです。『「中級」「上級」の日本語を日本語で学ぶ辞典』(研究社／2022年)ほか、さまざまな辞典が出版されています。

　英語学習時に英英辞典を使うと、単語のニュアンスや使い方を理解しやすく、自然と語彙が増えていきます。同様の効果が、日本語を外国語として学ぶ人のための辞典にも期待できます。これらの辞典は一般の日本人向け辞典よりも平易な言葉で書かれているため、各単語のニュアンスをより感覚的に捉えられ、無理なく語彙を増やせるのです。

　母語であるがゆえにあいまいになりがちな部分も、改めて日本語と向き合うことで、より深い表現力を身につけることができるでしょう。語彙力向上に役立つこれらの日本語辞典を活用することをおすすめします。

Chapter 8

正しく使いこなしたい
大人のカタカナ語

ビジネスシーンで登場するさまざまなカタカナ語は、
きちんと理解して使うのがシゴデキ！
会話のなかで自然に使いこなせるよう
例文とともに意味をチェックしておきましょう。
日本語の言い換え例もあわせてご紹介します。

※本章で掲載している用例はあくまで一例です。

ア行のカタカナ語

アイスブレイク （緊張をほぐす雑談・ゲーム）

 会議などの参加者の緊張を解き、いい雰囲気をつくる雑談やゲームのこと。

例文
「柔軟な意見がほしいので、まずは
アイスブレイクをします」

日本語で言うなら
「柔軟な意見がほしいので、まずは
緊張を解くために雑談をします」

アサイン （割り当てる・指定する）

 特定の役割や仕事を割り当てること。誰が何をするかを明確にします。

例文
「プロジェクトのリーダーを
アサインする」

日本語で言うなら
「プロジェクトの責任者を任命する」

● シチュエーションで使い分けよう

カタカナ語を使いこなすことができたらかっこいいですよね。きちんと理解して使うことが大切ですが、シチュエーションに応じて日本語で言い換える力も必要です。

例えば、相手が別業界の人や一般のお客さまの場合、カタカナ語を連発することで混乱させてしまうかもしれません。聞き手のことを考えて言葉を選びましょう。

アジェンダ（議題・予定表）

 会議やイベントで取り上げるべき議題や予定をまとめたリストや表のこと。

例文
「明日の会議のアジェンダを
送付しました」

日本語で言うなら
「明日の会議で
話し合う議題を送りました」

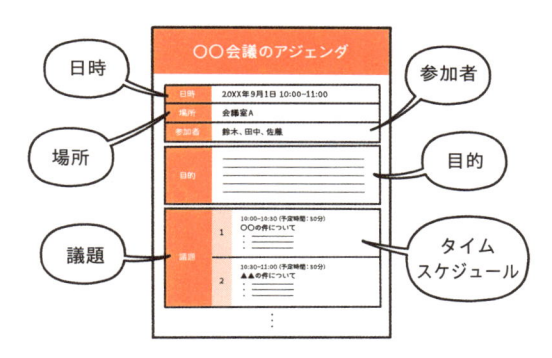

日時 / 場所 / 議題

〇〇会議のアジェンダ

日時	20XX年9月1日 10:00～11:00
場所	会議室A
参加者	鈴木、田中、佐藤
目的	———
議題	1　10:00～10:30（予定時間：30分）〇〇の件について
	2　10:30～11:00（予定時間：30分）▲▲の件について

参加者 / 目的 / タイムスケジュール

アライアンス（提携・提携先）

 互いの利益のため、企業が提携すること。また、その提携先。

例文
「A社とアライアンスを組んだことで、
業務の幅が広がった」

日本語で言うなら
「A社と提携したことで、
業務の幅が広がった」

アンチヒロイン（悪役女性）

 物語や作品で、主人公やヒーローとは対照的な悪役の女性キャラクター。

例文
「この小説では、アンチヒロインが
徐々に主人公の心を掴んでいく」

日本語で言うなら
「この小説では、主人公と正反対の
女性が、徐々に主人公の心を掴んでいく」

イシュー（論点・課題）

 ビジネスにおける論点・課題・問題などのなかでも特に重要なものを指す。

例文
「プロジェクトを成功させるための
イシューを洗い出そう」

→

日本語で言うなら
「事業を成功させるための
課題を洗い出そう」

インセンティブ（報奨・動機付け）

特定の行動や目標達成を促進するために与えられる報酬や刺激のこと。

例文
「営業成績が向上した場合には、
インセンティブが支給されます」

→

日本語で言うなら
「営業成績が伸びた場合は、それ
に応じて報奨金が支給されます」

インバウンド（訪日旅行）

 本来の意味は「外から中に入る」。観光業界では外国人が観光で訪日すること。

例文
「インバウンド需要の拡大に
対応する」

→

日本語で言うなら
「訪日外国人旅行者が
増えたことによる需要に対応する」

エゴサーチ（自己検索）

 自分自身や自分の関連情報をインターネット上で検索すること。

例文
「SNSでエゴサーチを行い、自分の
仕事に対する反応を把握しました」

→

日本語で言うなら
「自分の名前をSNSで検索し、
自分の仕事に対する反応を把握しました」

エッジ （最先端・刺激）

 革新や競争力を生み出す最先端の技術・アプローチのこと。

例文
「エッジの利いた新製品を
発表した」

日本語で言うなら
「今までになかった刺激的な工夫が
なされた新製品を発売した」

エンドユーザー （最終的な消費者）

 その商品やサービスを最終的に使う人のこと。

例文
「エンドユーザーの意見を
取り入れてサービスを改善する」

日本語で言うなら
「最終的な利用者の意見を
取り入れてサービスを改善する」

オーセンティック （本物の・真正の）

 本物であり真正性や信頼性が高いものを指し、模倣や模造ではないこと。

例文
「サッカーのユニフォームには、
オーセンティックとレプリカがある」

日本語で言うなら
「サッカーのユニフォームには、選手
と同じ製品と、複製品がある」

オンデマンド （要求に応じた・需要に応じた）

 必要なときに必要な分だけサービスやコンテンツを提供すること。

例文
「オンデマンドの動画配信
サービスが人気を集めています」

日本語で言うなら
「希望に応じて提供される動画配信
の仕組みが人気を集めています」

カ行のカタカナ語

ガジェット （小型の電子機器）

 スマートフォンやタブレットなど小型の電子機器やテクノロジー製品のこと。

「学生たちはガジェットを
使って授業のノートを取った」

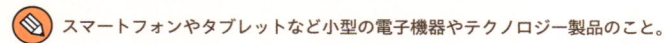

「学生たちは小型の電子機器を
使って授業のノートを取った」

カンファレンス （会議）

 関係者が集まり、専門的な問題について公式に協議すること。

「新制度に関する
カンファレンスを行う」

「新制度に関する会議を開く」

クラウドファンディング （不特定多数からの資金調達）

 インターネットを通じて多くの人々から資金を集める仕組み。

「商品開発のために
クラウドファンディングを行う」

「商品開発のため、インターネットで
不特定多数の人から出資を募る」

グランドデザイン （総合設計・全体構想）

 計画・戦略の全体像や、総合的に見わたした構想のこと。

例文

「政府は、将来の都市開発における、グランドデザインを発表しました」

 日本語で言うなら

「政府は、将来の都市開発における、総合的な計画を発表しました」

コミット （約束する）

 特定の目標や行動を明言し、責任を持って実行すると約束すること。

例文

「来期の目標にコミットしました」

日本語で言うなら

「来期に取り組む目標を、達成させることを約束しました」

コンセンサス （合意・意見の一致）

 意見や判断が一致している状態や、複数の人が合意に達すること。

例文

「チーム全体でコンセンサスを得ることが重要です」

 日本語で言うなら

「メンバー全員が合意することが重要です」

コンプライアンス （法令遵守）

 組織や個人が法律や規制、方針などを遵守し、これらの要求に従うこと。

例文

「企業は、コンプライアンスに関するトレーニングを実施しています」

 日本語で言うなら

「企業は、法令を守るための研修を実施しています」

サ行のカタカナ語

サマリー（要点・要約）

 会議や打ち合わせなどの重要な部分だけを簡潔にまとめたもの。

例文
「昨日の会議の議事録の
サマリーがほしい」

日本語で言うなら
「昨日の会議の議事録の
総括をしてほしい」

シュリンク（収縮する・縮小する）

サイズや容量を小さくすること。特にデータやファイルなどを削減及び最適化すること。

例文
「画像をシュリンクして、サイトの
読み込み速度を向上させた」

日本語で言うなら
「画像のサイズを小さくして、
サイトの読み込み速度を速くさせた」

シンギュラリティ（技術的特異点）

人工知能などが人間の能力を超え、予測不可能な未来をもたらすこと。

例文
「AIの進化でシンギュラリティに
到達する可能性がある」

日本語で言うなら
「人工知能の進化で、人間の生活が
大きく変わる世界が来る可能性がある」

ステークホルダー（利害関係者）

 プロジェクトや組織に影響を及ぼす人やグループのこと。

例文
「ステークホルダーの要望を
考慮して計画を立てる」

➡ **日本語で言うなら**
「利害関係にある人たちの要望を
考慮して計画を立てる」

ストラテジー（戦略・計画）

 長期的アプローチとしての目標達成や問題解決のための計画のこと。

例文
「新しいマーケット獲得のための
ストラテジーを検討しています」

➡ **日本語で言うなら**
「新しい市場へ進出するための
長期的な戦略を検討しています」

ソリューション（解決策）

 特定の目標やニーズに対する問題・課題を解決するための方法や手段。

例文
「クライアントのニーズに合った
最適なソリューションを提供します」

➡ **日本語で言うなら**
「お客さまの要望にお応えする
最適な解決策を提供します」

● 「SDGs」ってどういうこと？

最近よく聞く「SDGs」とは、Sustainable Development Goals の略で、世界的な課題（気候変動、エネルギー問題、貧困など）を解決するための持続可能な開発目標のこと。関連用語に、「エシカル消費（エコ商品や寄付つきの商品など社会課題の解決を考えて商品を買うこと）」「フェアトレード（開発途上国の製品や原料を適正価格で継続的に買うこと）」などがあります。

タ行・ナ行のカタカナ語

ダイバーシティ（多様性・多元的）

 人々の異なる属性を尊重し、包括的な環境を作り上げること。

例文
「ダイバーシティを重視し、さまざまな人材を採用します」

➡ **日本語で言うなら**
「性別や人種、価値観などの違いを重視し、さまざまな人材を採用します」

タスク（課された作業・課題）

 一定の条件内で達成しなければならないとされる業務や作業のこと。

例文
「今、最優先すべきタスクを明確にして」

➡ **日本語で言うなら**
「今、最優先すべき作業を明確にして」

デフォルト（初期設定）

 システムやソフトウエアの初期状態・標準設定のこと。

例文
「このソフトウエアのデフォルトでは、自動保存が有効になっています」

➡ **日本語で言うなら**
「このソフトウエアでは、初期設定で自動保存が有効になっています」

トリガー （きっかけ・引き金）

 ある状況が発生した、もしくはこれから発生しようとしている兆候のこと。

例文
「ウェブ広告がトリガーとなり、
ヒット商品が生まれた」

日本語で言うなら
「ウェブ広告がきっかけで
ヒット商品が生まれた」

ナレッジ （有益な知識・情報）

 企業などにとって有益な情報。新聞、ウェブなどから得られる知識も含む。

例文
「IT関連のナレッジを
共有しないといけない」

日本語で言うなら
「IT関連の有益な情報を
共有しないといけない」

ニッチ （隙間）

 小規模で見逃されやすい事業分野、事業領域のこと。

例文
「ニッチなマーケットにこそ、
当社の生き残る道がある」

日本語で言うなら
「隙間的な産業にこそ、
当社の生き残る道がある」

ネゴシエーション （交渉）

 あるテーマに関する合意、調整などを目的とした議論、駆け引き。

例文
「この事態を打開するために
先方とネゴシエーションするべきだ」

日本語で言うなら
「この事態を打開するために
先方と交渉するべきだ」

ハ行・マ行・ヤ行のカタカナ語

ハイカルチャー（高度な芸術や文化）

 芸術や文学、音楽などのうち、その社会において高度とされる文化のこと。

例文
「ハイカルチャーに触れることで、
新たな視点や人生の豊かさを実感できる」

→

日本語で言うなら
「教養の高い文化に触れることで、
新たな視点や人生の豊かさを実感できる」

パブリックサーチ（他者検索・他社検索）

自分以外の他者やライバル会社などについてインターネットで検索すること。

例文
「ライバル会社の商品の口コミを
パブリックサーチして戦略を練る」

→

日本語で言うなら
「ライバル会社の商品の口コミを
インターネットで検索して戦略を練る」

フィードバック（評価・意見）

改善や成長に役立てるプロセスにおいて、評価や意見を伝えること。

例文
「プレゼン後に、上司から貴重な
フィードバックをもらいました」

→

日本語で言うなら
「プレゼン後に、上司から改善に役
立つ貴重な意見をもらいました」

フラット （平等な・階層のない）

 組織のなかで階層や格差が少ない状態。情報や機会の平等性を促進すること。

例文
「フラットな組織では、個人の
能力や貢献度が重視されます」

 日本語で言うなら
「上下関係を排した平等組織では、
個人の能力や貢献度が重視されます」

プラットフォーム （基盤）

 ソフトウエアなどを実行するための基本的な環境や枠組みのこと。

例文
「このアプリはスマートフォンの
プラットフォームで利用できる」

 日本語で言うなら
「このアプリはスマートフォン用の
動作環境で利用できる」

フレームワーク （枠組み・体系）

 問題解決や意思決定の際、特定のパターンに当てはめて整理する方法。

例文
「新しい政策の導入には、
法的なフレームワークが必要です」

 日本語で言うなら
「新しい政策を始めるには、
法的な決まり事が必要です」

フレネミー （友敵関係）

 協力関係にあるが、同時に競争関係も持つ相手を指す。

例文
「同じチームのメンバーが時折
フレネミーのような関係になることもある」

 日本語で言うなら
「同じチームのメンバーと、
時には競争関係になることもある」

ベンチマーク（基準）

 特定の製品やシステムの性能比較や評価をするための基準・基準値のこと。

例文
「新製品のベンチマークテストが
行われました」

➡

日本語で言うなら
「新製品がどのくらいの性能があるかを
評価する試験が行われました」

ボトルネック（阻害要因・制約）

 全体の流れや性能を制限する、もっとも効率が悪い部分や要因のこと。

例文
「データ処理の遅さが
ボトルネックとなっています」

➡

日本語で言うなら
「データ処理が遅いことが、
生産性を下げる要因となっています」

マージン（差益・もうけ）

 「手数料」「利ざや」などとも呼ばれる。販売額と仕入原価の差額などを指す。

例文
「今回の広告の
代理店マージンは20％です」

➡

日本語で言うなら
「今回の広告の
代理店差益は20％です」

マネタイズ（収益化）

 それぞれが持つ技術や知識を収益化し、お金に換えること。

例文
「このコンテンツでマネタイズ
できるかが当部署の課題だ」

➡

日本語で言うなら
「このコンテンツで収益化
できるかが当部署の課題だ」

ミッシングリンク （欠けている部分）

🖊 あるシステムや理論のなかで、欠けている部分やつながりの欠如のこと。

例文
「プロジェクトの成功のために、ミッシングリンクを見つける必要がある」

➡

日本語で言うなら
「事業の成功のために、欠けている部分を見つける必要がある」

メタモルフォーゼ （変身・変容）

🖊 物事が大きな変化を経て新しい形や姿に変わること。

例文
「デジタル化によってメタモルフォーゼを遂げつつあります」

➡

日本語で言うなら
「デジタル化したことで大きな変化を遂げつつあります」

メンター （信頼できる助言者・指導者）

🖊 新入社員や若手社員の助言、サポートを行う人。

例文
「彼女は後輩社員のメンターとしてよくやってくれている」

➡

日本語で言うなら
「彼女は後輩社員の良き指導者になってくれている」

ユーザビリティ （使いやすさ）

🖊 製品やサービスの使いやすさ、わかりやすさのこと。

例文
「消費者にとってユーザビリティが高い商品を開発しよう」

➡

日本語で言うなら
「消費者が使いやすい商品を開発しよう」

ラ行・ワ行のカタカナ語

リソース （資源・資産）

 人や物、情報、時間、システムなどの利用可能な資源のこと。

例文
「プロジェクトの成功には、
適切なリソースの配分が重要です」

日本語で言うなら
「事業の成功には、人員や物資を
適切に配分することが重要です」

リテラシー （理解・活用する能力）

 主に情報、デジタルの分野で、技術・内容に対する理解や熟達度のこと。

例文
「情報リテラシーが高い人材を
求めています」

日本語で言うなら
「情報を適切に扱い、活用する
能力の高い人材を求めています」

レガシー（先人の遺産・古いもの）

 過去から受け継がれた財産や遺産、または旧式の技術やシステムのこと。

例文
「レガシーシステムを更新して、最新のテクノロジーに対応しました」

日本語で言うなら
「古い仕組みを改修し、最新の技術に対応させました」

ロールモデル（模範となる人）

 ほかの人の行動や考え方に影響を与える、手本や理想となる人物・行動。

例文
「彼女は若い社員たちのロールモデルとなっている」

日本語で言うなら
「彼女は若い社員たちにとってのよいお手本となっている」

ローンチ（開始・公開）

 新商品や新サービスの販売、発信を開始すること。

例文
「当社の新サービスをローンチすることをここに発表します」

日本語で言うなら
「当社の新サービスを開始することをここに発表します」

ワークフロー（業務の流れ）

 仕事の流れや、それ自体を図式化したもの。

例文
「企画決定のワークフローを明確にしておく必要がある」

日本語で言うなら
「企画決定の業務の流れを明確にしておく必要がある」

「えーっと」「そのー」が
印象を左右する!?

　話をするときに「あのー」「そのー」「えーっと」など
の言葉がつい出てしまいます。これらはフィラーと呼ば
れ、ノイズとして扱われがちです。フィラーが多いと、
話の内容が頭に入ってこないこともあります。

　しかし、フィラーにも実は意味があることが分析でわ
かっています（堤良一著『いい加減な日本語』凡人社／
2022年）。「あのー」は適切な言葉を探しているときに、「そ
のー」は込み入った説明が必要なときに出ます。「まー」
は話をまとめようとするときに、「えーっと」は話すべき
内容が頭の中でまだはっきりしていないときに出るとさ
れています。これらは無意識に発しているため、「えーっ
と」が多いと幼い印象を、「まー」が多いとエラそうな印
象を与えることがあります。

　無意識のうちに発してしまうフィラーが印象を左右し
てしまうなんて、ちょっと怖いですね。一度自分の発言
を録音して確認してみるといいかもしれません。

Chapter 9

気をつけたい言葉づかい

何気なく使っている言葉のなかにも、
無意識に威圧感を与えてしまったり、
相手を戸惑わせてしまったりするものがあります。
自分がこんな言葉づかいをしていないか、
振り返ってみてください。

こんな言いかたしてない？
「なんでもいいよ」

私はなんでも
いいよ

○○さんの
好きなもので

こんなときに言いがち

気をつかって相手に合わせている
つもりでも、相手にとっては「自分
の意見がない」「一緒にいること自
体どうでもいいことだと思っている
のでは」と感じさせてしまいます。

言い換え

ランチで何を食べるか迷うとき

「 ○○さんは、
お蕎麦
お好きですか？」

相手の好みを尋ねる形を取れ
ば、気づかいながら決定権を相
手に委ねることができます。

何か選択をする必要があるとき

「 選択肢が
多すぎて、
困っちゃいますね」

決めかねている相手に共感の姿勢を
示しつつ、一緒に解決策を見つけよ
うとしている印象を与えられます。

こんな言いかたしてない？
「大丈夫ですか？」

こんなときに言いがち

体調を気づかうときや、なんらかの
トラブルに見舞われた人などに対し
て、無意識に出してしまう言葉ですが、
「大丈夫じゃない」と答えることがで
きる人ってなかなかいませんよね。

言 い 換 え

体調が悪そうな人に

「つらくなったら、無理せず休んでくださいね」

ここで無理をせず頼っても
いいんだ……という安心感
を与えることができます。

**なんらかのトラブルに
見舞われた人に**

「大変でしたね。みんなでサポートしますよ」

トラブルに見舞われると周りが見え
なくなりがち。周りには頼れる仲間
がいることを伝えてあげましょう。

こんな言いかたしてない？
「わかりましたか？」

> わかりましたか？

は、はい…

相手が理解できたかどうか確認したいときに使いがち。ストレートに聞くと敬語表現になっていないうえ、なんだか上から目線な印象になってしまいます。

言い換え

話が理解できたか確認したいとき

「
不明な点は
ございませんか？
」

相手の理解能力を疑うような表現にならないように気をつけましょう。

さらに説明が必要か確認したいとき

「
今の説明で
不足はありません
でしたか？
」

相手がわかっているかどうかよりも、自分の説明が十分だったのかどうかを確認しましょう。

こんな言いかたしてない?

「普通、○○するよね?」

こんなときに言いがち

相手の行動が理解できないときなどに使いがち。あなたにとっての普通や当然が相手にとっても同じとは限りません。価値観の押しつけになる表現は避けましょう。

普通はそうだよね

普通はわかるでしょ

言い換え

相手の意見を聞きたいとき

「 **私は○○と思うけれど、どうかな?** 」

自分の素直な意見を伝えたうえで、相手の意見を確認しましょう。相手も素直に回答できる配慮も必要。

何かをお願いしたいとき

「 **○○してもらえたらうれしいのですが……** 」

あくまで提案のかたちで、あなたにとって必要と感じる行動を相手に求めていることを伝えましょう。

こんな言いかたしてない？
「○○するなんて、あり得ないでしょ」

相手が自分にとって信じがたい行動をしたときに言ってしまいがち。でも、相手にも何か事情があったのかもしれません。

> 遅刻なんて
> ありえない
> でしょ！

> スミマセン…

言い換え

相手が自分の話を聞いていなかったとき

「
体調に問題はありませんか？
」

もしかしたら、本人にはどうしようもない健康上の問題があるかもしれません。まず体調に問題がないか確認を。

相手が遅刻をしたとき

「
どうして遅れてしまったか、教えていただけますか？
」

本人に問題はなくても、交通機関の遅れや家族の事情など、いたしかたない理由があるかもしれません。

こんな言いかたしてない？
「わかる！　実は私もね……」

こんなときに言いがち

相手の話に自分も乗りたいときに。いくら共感したとはいえ、相手が話している最中に、それをさえぎって自分の話をはじめるのはマナー違反です。

言い換え

まずは相手の話を
最後まで聞く

そんなことが
あったんですね

相手の話をさえぎらず、まずは適切なあいづちを打ちながら最後まで話を聞きましょう。

強く共感していることを
伝える

とてもよく
わかります

同じ話題で自分のことも話したくなるほど、相手の話に共感していることを表現しましょう。

こんな言いかたしてない？
「がんばります！」

こんなときに言いがち

やる気や意気込みを表現するために、元気よくこの言葉を言ってしまいがちですが、具体性にかけるので「口だけ」「勢いだけ」と思われてしまうことも……。

言 い 換 え

何をがんばるのかを伝える

「
先方から了解を
得られるように
します
」

どんな点を“がんばる”のか具体的に話せば、信頼度がよりアップします。

具体的な目標を伝える

「
来週までに
別の案を２つ
ご用意します
」

期日や数字などを入れて話すと、より具体的になって、何を“がんばる”のかハッキリ伝わります。

こんな言いかたしてない？
「〇〇に比べたらマシですよ」

こんなときに言いがち

特に苦労話を聞いているとき、決して悪意はないとしても相手の話の内容を他者やほかの何かと比べるのは失礼です。

言い換え

話してくれたことだけに触れる

「**貴重な体験を
話してくれて
ありがとう**」

無理に相手を励ましたり、勝手に何かと比較したりすることなく、ただ話をそのまま受け止めましょう。

相手の話を大切に扱う

「**受け止めるには、
私はまだ
未熟者で**」

相手の話に共感・理解ができなかったとしても、話を軽く扱うようなことのないようにしましょう。

165

お わ り に

　この本を手にとって、最後までお読みいただき心から感謝申し上げます。

　プライベートでも職場でも「言葉」は人と関わるうえで重要な要素のひとつです。言葉の使いかたは見た目以上に仕事の成果や人間関係に大きな影響を与えることを、就労経験をお持ちの方なら実感されていることでしょう。もしあなたが、能力は十分にあるにもかかわらず、周囲から認められていない、能力を発揮しきれていないと感じているのならば、それは、言葉や伝えかたをほんの少し変えるだけで解決する問題かもしれません。

　この本が、そんなあなたのサポートになれたのなら、これに過ぎる喜びはありません。

　本書の執筆中、数年前の病気の後遺症に悩まされてしまい、作業が進まなくなってしまったことがありました。そこをGakkenの石尾圭一郎さんやリブラ舎の明道聡子さんに助けていただき、無事に完成にこぎつけることができました。
　おふたりをはじめとした、本書『シゴトがデキる女子の差がつく伝えかた』の刊行に関わってくださったすべてのみなさまに、心から感謝申し上げます。

著　宮本 ゆみ子

静岡県生まれ。大阪大学人間科学部卒業後、FM 石川にアナウンサーとして入社。その後、K-mix、FM 群馬などを経て、2009 年から大手人材育成・研修会社にて新入社員向け研修（ビジネスマナー・コミュニケーション）に携わる。また、書籍ライターとしても約 30 冊を上梓。現在、自らも週 4 本のレギュラー番組を担当する傍ら、登録アナウンサー 200 人を抱えるキャスティング事務所の代表を務める。話し言葉・書き言葉のプロとして活躍中。著書に『最新ビジネスマナーと今さら聞けない仕事の超基本』（朝日新聞出版）など。
https://goes-on.info/

著 ……………………… 宮本 ゆみ子
装画・挿絵 …………… トモマツユキ
装丁・本文デザイン … 根本 綾子(Karon)
編集協力 ……………… 明道 聡子(リブラ舎)
校　正 ………………… フライス・バーン

シゴトがデキる女子の差がつく伝えかた

2024年10月8日　第1刷発行

発行人　　土屋 徹
編集人　　滝口 勝弘
企画編集　石尾 圭一郎
発行所　　株式会社Gakken　〒141-8416　東京都品川区西五反田2‐11‐8
印刷所　　中央精版印刷株式会社
DTP　　　株式会社アド・クレール

〈この本に関する各種お問い合わせ先〉
・本の内容については、下記サイトのお問い合わせフォームよりお願いします。
　https://www.corp-gakken.co.jp/contact/
・在庫については　Tel 03-6431-1201(販売部)
・不良品(落丁、乱丁)については　Tel 0570-000577
　学研業務センター　〒354-0045 埼玉県入間郡三芳町上富279-1
・上記以外のお問い合わせは　Tel 0570-056-710(学研グループ総合案内)
©Yumiko Miyamoto 2024 Printed in Japan

学研グループの書籍・雑誌についての新刊情報・詳細情報は、下記をご覧ください。
学研出版サイト　https://hon.gakken.jp/